Franziska Klier

Leasingbilanzierung nach IFRS im Wandel

Die Reform des IAS 17

Klier, Franziska: Leasingbilanzierung nach IFRS im Wandel: Die Reform des IAS 17, Hamburg, Igel Verlag RWS 2015

Buch-ISBN: 978-3-95485-284-0
PDF-eBook-ISBN: 978-3-95485-784-5
Druck/Herstellung: Igel Verlag RWS, Hamburg, 2015

Bibliografische Information der Deutschen Nationalbibliothek:
Die Deutsche Nationalbibliothek verzeichnet diese Publikation in der Deutschen
Nationalbibliografie; detaillierte bibliografische Daten sind im Internet über
http://dnb.d-nb.de abrufbar.

© Igel Verlag RWS, Imprint der Diplomica Verlag GmbH
Hermannstal 119k, 22119 Hamburg
http://www.diplomica.de, Hamburg 2015
Printed in Germany

Inhaltsverzeichnis

Abbildungsverzeichnis

Tabellenverzeichnis

Anhangsverzeichnis

Abkürzungsverzeichnis

EBIT	Earnings Before Interests and Taxes
EBITDA	Earnings Before Interests, Taxes, Depreciation and Amortisation
ED	Exposure Draft
FASB	Financial Accounting Standards Board
GuV	Gewinn- und Verlustrechnung
IAS	International Accounting Standards
IASB	International Accounting Standards Board
IFRIC	International Financial Reporting Interpretation Committee
IFRS	International Financial Reporting Standards
SIC	Standing Interpretation Committee

1. Einführung

1.1 Ökonomische Bedeutung und Entwicklung von Leasing

Die Ursprünge des Leasings reichen bis in die Antike zurück. Schon Aristoteles war im 4. Jahrhundert vor Christus der Überzeugung, dass Reichtum sich nicht durch Eigentum, sondern durch die Möglichkeit zum Gebrauch auszeichnet.

Leasing, wie wir es heute kennen, hatte seinen Ursprung 1877 in den USA, als die Telefongesellschaft Bell erstmals ihren Kunden Telefone zur Miete statt zum Kauf anbot. Schnell setzten auch andere Unternehmen diesen innovativen Gedanken um.

In Deutschland wurden um 1900 die ersten leasingähnlichen Geschäfte, wie Bau- und Landwirtschaftsgerätevermietung sowie Datenverarbeitungsanlagen- oder Maschinenvermietung, geschlossen. Der Hauptgedanke der Hersteller bezüglich dieser Transaktionen war die Absatzfinanzierung ihrer neuen Produkte.

1962 wurde die erste Leasinggesellschaft in Deutschland gegründet, welche erstmals Vermögensgegenstände herstellerunabhängig vermietete und ihren Kunden zugleich Dienstleistungen in Verbindung mit dem Leasingverhältnis anbot.[1]

Ein halbes Jahrhundert später ist Leasing nicht mehr aus dem Wirtschaftsalltag wegzudenken und hat in den vergangen Jahren einen immer größeren Stellenwert als Alternative zu anderen Finanzierungsarten eingenommen.[2]

Momentan sind in Deutschland Vermögensgegenstände im Wert von mehr als 200 Mrd. Euro verleast und es werden jährlich ca. 1,6 Mio. Neuverträge geschlossen.[3] Die in Deutschland im Jahr 2013 erreichte Leasingquote von 15,4% entspricht 48,5 Mrd. Euro an Neugeschäften, wovon der Großteil von 46,5 Mrd. Euro alleine durch Mobilien-Leasing zustande kam.

Die folgende Abbildung der Leasingquoten verdeutlicht den rasanten Anstieg der Leasingtransaktionen an den gesamtwirtschaftlichen Investitionen in den letzten 43 Jahren und zeigt auf, dass das Potential des deutschen Leasing-Marktes noch lange nicht ausgeschöpft ist.[4]

---

[1] Vgl. BDL (URL).
[2] Vgl. Vater, Hendrik (2002), S. 2094.
[3] Vgl. BDL (URL 1).
[4] Vgl. BDL (URL 2).

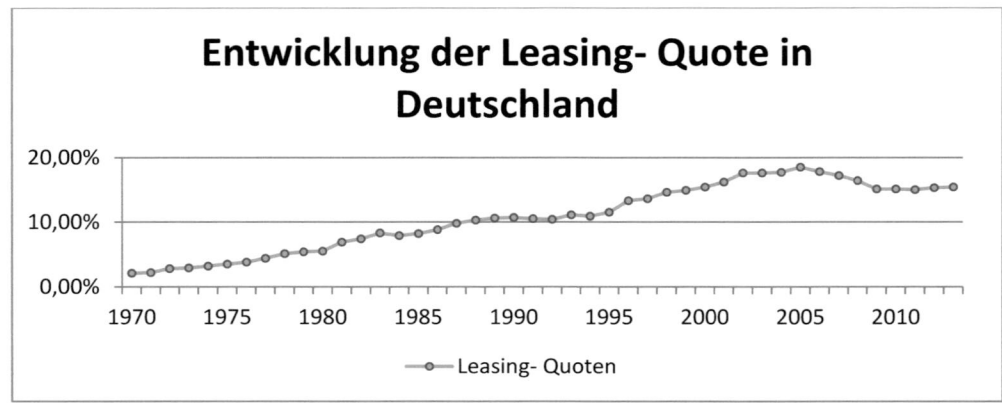

Abbildung 1: Entwicklung der Leasingquote in Deutschland
Quelle: Eigene Darstellung. Daten aus BDL (URL 2).

Grund für die erhebliche Zunahme der Leasinggeschäfte in den vergangenen Jahren ist unter anderem die Vielzahl von positiven Aspekten, die für das Eingehen eines Leasingverhältnisses sprechen.

Da der Leasingnehmer keine Anschaffungskosten zu tragen hat und im günstigsten Fall die anfallenden Leasingzahlungen nach dem "Pay-as-you-earn-Prinzip" direkt aus den erwirtschafteten Erträgen des Vermögensgegenstandes gedeckt werden können, wird seine Liquidität nicht in Mitleidenschaft gezogen.[5]

Wird der Leasinggegenstand bilanzneutral behandelt, hat diese Form der Finanzierung keine Auswirkungen auf die Kreditwürdigkeit des Leasingnehmers, wodurch weiterhin die Möglichkeit zur Tätigung zusätzlicher Anschaffungen besteht. Zudem entstehen dem Leasingnehmer steuerliche Vorteile, wenn er die Leasingraten als Aufwand geltend machen kann. Alle diese Fakten sowie die Planbarkeit und Transparenz der Leasingraten tragen zur Optimierung der Bilanzstruktur bei.[6]

Darüber hinaus entlastet der Leasinggeber seinen Leasingnehmer durch zusätzliche Dienst- und Serviceleistungen, wie Wartungsarbeiten und Versicherungsleistungen sowie bezüglich der Beschaffung eines geeigneten Objektes und dessen Verwertung.[7] Leasing bietet die Möglichkeit, mit dem zunehmend rasanteren und unkalkulierbaren Verlauf der technischen Trends und somit immer kürzer werdenden Innovationszyklen Schritt halten zu können. Auf Grund der zeitlichen Befristung eines Leasingvertrages, welche in der Regel kürzer ist als die

---

[5] Vgl. Leibfried, Peter; Kleibold, Thorsten (2009), S. 408.
[6] Vgl. BDL (URL 3).
[7] Vgl. Leibfried, Peter; Kleibold, Thorsten (2009), S. 408.

betriebsgewöhnliche Nutzungsdauer des Leasinggegenstandes, kann dieser schnell und unkompliziert durch fortschrittlichere Objekte ersetzt und somit das Überalterungsrisiko reduziert werden.

Durch die individuellen Gestaltungsmöglichkeiten eines Leasingvertrages und der Option zum Outsourcing des gesamten Investitionsprozesses, werden dem Leasingnehmer Freiräume geschaffen, um sich auf die ständig schwankenden wirtschaftlichen Bedingungen zu konzentrieren und sich an diese flexibel anpassen zu können.[8]

Jedoch kann Leasing auch einige negative Aspekte mit sich bringen. Es ist nicht selten der Fall, dass Leasing im Vergleich zu anderen Finanzierungsmöglichkeiten teurer ist, da der Leasinggeber seine Dienstleistungen und das durch ihn getragene Investitionsrisiko in der Kalkulation der Leasingraten berücksichtigt. Außerdem ist der Leasingvertag für den Leasingnehmer in der Regel unkündbar, wobei der Leasinggeber auf Grund von Zahlungsverzug des Leasingnehmers zur fristlosen Kündigung und Forderung von Schadensersatz berechtigt ist.[9]

Die nachfolgende Tabelle stellt das Ergebnis einer Marktstudie des Bundesverbandes deutscher Leasingunternehmen zum Thema Leasing- Motive dar und macht deutlich, dass sich die Gründe für das Eingehen eines Leasingverhältnisses in den vergangenen 20 Jahren kaum geändert haben.

1994	2002	2007	2011
Leasing schont die Liquidität	Leasing schont die Liquidität	Kosten gleichmäßig/ genau kalkulierbar	Kosten gleichmäßig/ genau kalkulierbar
Kosten gleichmäßig/ genau kalkulierbar	Kosten gleichmäßig/ genau kalkulierbar	Betriebsausstattung bleibt auf dem neusten Stand	Leasing schont die Liquidität
Investitionen trotz geringem Investitionsbudget möglich	Investitionen trotz geringem Investitionsrisiko möglich	Leasing schont die Liquidität	Betriebsausstattung bleibt auf dem neusten Stand
Bank-Kreditlinie bleibt erhalten	Bank-Kreditlinie bleibt erhalten	Leasingvertrag ermöglicht Flexibilität	Rückgabe des Leasingobjektes am Ende der Vertragslaufzeit
Leasing steuerlich vorteilhaft	Leasing steuerlich vorteilhaft	Leasing steuerlich vorteilhaft	Bank-Kreditlinie bleibt erhalten

Tabelle 1: Top 5 der Leasing-Motive
Quelle: Eigene Darstellung. Daten aus BDL (URL 3).

---

[8] Vgl. BDL (URL 3).
[9] Vgl. Leibfried, Peter; Kleibold, Thorsten (2009), S. 408.

Zwei der wichtigsten Argumente für Leasing sind demnach die gleichmäßigen Kosten, deren genaue Kalkulierbarkeit und die Schonung der Liquidität. Die Flexibilität, die durch Leasing ermöglicht wird, sowie dessen steuerliche Vorteile haben im Laufe der Zeit an Relevanz verloren. Stattdessen schätzen Leasingnehmer die Möglichkeit ihre Betriebsausstattung auf dem neuesten Stand zu halten und das Leasingobjekt nach Ablauf der Vertragslaufzeit an den Leasinggeber zurückzugeben. Dies zeigt, dass die Nutzung eines Vermögensgegenstandes einen höheren Stellenwert einnimmt, als das Eigentum an dem Objekt. Der Grundgedanke Aristoteles bestätigt sich somit auch in der heutigen Zeit.[10]

1.2 Problemstellung und Stand der Reform des IAS 17

Damit Investoren und Unternehmen dazu im Stande sind, ihre Investitionsentscheidungen optimal zu kalkulieren, ist es notwendig, dass ihnen dafür auf internationaler Ebene vergleichbare Informationen zur Verfügung stehen. Dies ist der immer stärker voranschreitenden Globalisierung der Kapital- und Finanzmärkte geschuldet, welche die Harmonisierung der internationalen Rechnungslegungssysteme und die transparente Darstellung von Jahresabschlüssen umso relevanter erscheinen lässt.[11] Gemäß IAS 1.15 ist die hauptsächliche Intention eines Jahresabschlusses, die Vermögens-, Finanz- und Ertragslage eines Unternehmens den tatsächlichen Verhältnissen entsprechend darzustellen und somit den Jahresabschlussadressaten eine genaue Einschätzung zu gewährleisten.[12] Eine der Voraussetzungen, diesen Leitgedanken umsetzen zu können, ist die Reformierung der gegenwärtigen Leasingbilanzierung nach IAS 17 (International Accounting Standard), über dessen Vorschriften zur bilanziellen Behandlung von Leasingverhältnissen schon seit Jahrzehnten national sowie international kritisch debattiert wird. Bereits 1996 wurde dieser Standard von der G4+1 Gruppe[13] kritisiert und erste Entwürfe zur Reformierung der Leasingbilanzierung vorgelegt.[14]

Im Jahr 2006 begann der IASB (International Financial Standard Board), gemeinsam mit dem US-amerikanischen FASB (Financial Accounting Standards Board), die Überarbeitung des IAS 17. Hintergrund der Neugestaltung war die Kritik am Bilanzierungskonzept des derzeiti-

---

[10] Vgl. BDL (URL 3).
[11] Vgl. Fehr, Jane (2013), S. 3.
[12] Vgl. IFRS Portal (URL), IAS 1 §15.
[13] Die G4+1 Gruppe bestand von 1995 bis 2001und setzte sich aus Vertretern der nationalen Standardsetter aus Australien, Kanada, Großbritannien, Neuseeland und den USA zusammen. Zielsetzung dieser Kooperation war die Entwicklung einer weltweit einheitlichen Rechnungslegung.
[14] Vgl. Schmidt, Peer; Thiele, Michael (2010), S. 254.

gen Leasingstandards. Die Vielzahl von Klassifizierungskriterien, mit deren Hilfe Leasingverhältnisse einer der vorgegebenen Kategorien zugeordnet werden, verfügt über wenig Trennschärfe, und deren Auslegung liegt stark im Ermessen des Betrachters. Dadurch eröffnen sich bilanzpolitische Spielräume, welche zu unterschiedlicher bilanzieller Behandlung von praktisch gleichartigen Sachverhalten führen können.[15] Diese Regelungslücken können ausgenutzt werden, um die bilanzielle Erfassung des Leasingobjektes und die damit einhergehende Auswirkung auf die Bilanzstruktur des Leasingnehmers zu verhindern.

Ziel der Reformierung des IAS 17 ist es daher, klare Regelungen zu schaffen und den Abschlussadressaten eine vollständige und verständliche Übersicht aller Forderungen und Verbindlichkeiten, die aus den Leasingaktivitäten des Unternehmens resultieren, zu ermöglichen.[16]

Im Zuge ihres Konvergenzprojektes veröffentlichte der IASB in Zusammenarbeit mit dem FASB im März 2009 das Discussion Paper 2009/1 „Leases–Preliminary Views". Die darin enthaltenen Vorschläge zielten auf eine fundamentale Neuausrichtung der internationalen Leasingbilanzierung ab und führten dazu, dass während der Kommentierungsfrist 290 Kommentierende aus unterschiedlichen Interessengruppen zu diesem Konzept Stellung nahmen. Dies war eines der bisher umfangreichsten Feedbacks, die der IASB je zu einem seiner Reformprojekte erhalten hat.[17]

Im August 2010 veröffentlichte der IASB daraufhin den ersten Standardentwurf ED/2010/09, dessen Grundkonzept darin bestand, dass die aus einem Leasingverhältnis hervorgehenden Rechte und Pflichten beider Vertragspartner generell bilanziell auszuweisen sind. Jedoch wurde dieser in Bezug auf konzeptionelle Unzulänglichkeiten sowie die Komplexität der Regelungen und die daraus resultierenden Ermessenspielräume stark kritisiert.

Auf Grund der daraus hervorgegangenen massiven Ablehnung des Entwurfes, veröffentlichte der IASB am 16.05.2013 den überarbeiteten Re-Exposure Draft ED/2013/6,[18] dessen Neuregelungen zum IAS 17 im Fokus dieser Arbeit stehen.

---

[15] Vgl. Müller, Stefan; Lang, Tobias (2013), S. 275.
[16] Vgl. Oertzen, Cornelia; Esser, Martin (2010), S. 479.
[17] Vgl. Schmidt, Peer; Thiele, Michael (2010), S. 254.
[18] Vgl. Hommel, Michael; Winter Heike; Zicke, Julia (2013), S. 1707.

1.3 Ziel und Aufbau der Untersuchung

Ziel dieser Untersuchung ist es, die derzeitigen Vorgehensweisen des IAS 17 bezüglich der Bilanzierung von Leasingverhältnissen näher zu beleuchten, um diese anschließend kritisch zu würdigen. Daraufhin werden die Neuregelungen des Standards durch ED/2013/6 vorgestellt und dessen Kritikpunkte sowie die Auswirkungen der Umstellung auf den Neuentwurf zur Leasingbilanzierung für die Unternehmen dargelegt. Ebenfalls findet der Finanzierungssonderfall der Sale- and- Leaseback- Transaktion in diesem Buch Berücksichtigung.

Leasingverhältnisse über Grundstücke und Gebäude, Händler- und Herstellerleasing sowie Untermietverhältnisse sind jedoch kein Bestandteil der Ausführung.

Die Untersuchung ist wie folgt gegliedert: In **Kapitel 2** werden zunächst einige Begriffe und Grundlagen bezüglich der Leasingbilanzierung nach IFRS erläutert. Nachfolgend wird in **Kapitel 3** auf die gegenwärtige Behandlung von Leasingverhältnissen eingegangen und diese anschließend kritisch gewürdigt. Darauf aufbauend folgt in **Kapitel 4** eine ausführliche Betrachtung der Neuregelung der Leasingbilanzierung nach dem Exposure Draft ED/2013/6. Hierzu werden zunächst einige Anwendungsgrundlagen des neuen Standardentwurfes erläutert und anschließend die Klassifizierung von Leasingverhältnissen sowie dessen Bilanzierung getrennt nach Leasingnehmer und Leasinggeber näher beleuchtet. Die geplante Neuregelung wird im Anschluss ebenfalls einer kritischen Würdigung unterzogen. Auf Basis der in Kapitel 4 herausgearbeiteten geplanten Änderungen der Leasingbilanzierung behandelt **Kapitel 5** die Konsequenzen der neuen Vorgehensweise auf den Leasingnehmer sowie Leasinggeber. Die Erkenntnisse dieser Untersuchung werden in **Kapitel 6** abschließend zusammengefasst.

2 Gegenwärtige Leasingbilanzierung nach IAS 17

2.1 Anwendungsbereich

Laut Definition des IASB ist ein Leasingverhältnis eine Vereinbarung zwischen Leasingnehmer und Leasinggeber, die dem Leasingnehmer das Recht auf die Nutzung eines Leasinggegenstandes, gegen eine Reihe von Zahlungen für einen zuvor vereinbarten Zeitraum überträgt.[19]

Der Anwendungsbereich der IAS 17 umschließt somit alle Leasingverhältnisse, ausgenommen von Vereinbarungen, die bereits durch einen anderen Standard geregelt werden.[20]

In Folge dessen findet IAS 17 keine Anwendung auf Leasingverhältnisse in Verbindung mit der Entdeckung und Verarbeitungen von Mineralien, Öl, Erdgas und vergleichbaren nicht regenerativen Ressourcen sowie Lizenzvereinbarungen über beispielsweise Filme, Videoaufnahmen, Theaterstücken, Manuskripte, Patente und Urheberrechte.

Zudem bietet dieser Standard keinen Ausgangspunkt für die Bewertung von Immobilien und biologischen Vermögenswerten, die seitens des Leasingnehmers als Finanzinvestition bilanziert werden und Immobilien und biologischen Vermögenswerten, welche seitens des Leasinggebers als Finanzinvestition gehalten und innerhalb eines Operating- Leasingverhältnisses vermietet werden. Des Weiteren ist IAS 17 nicht auf Dienstleistungsverträge anzuwenden, bei denen das Nutzungsrecht am Leasinggegenstand nicht vom Leasingnehmer auf den Leasinggeber übertragen wird.[21]

Hilfestellung für die Interpretation des IAS 17 gibt das IFRIC (International Financial Reporting Interpretation Committee) mit seiner Interpretation IFRIC 4 "Feststellung, ob eine Vereinbarung ein Leasingverhältnis enthält" sowie dessen Vorgänger SIC (Standing Interpretation Committee) mit SIC 15 "Operating- Leasingverhältnisse- Anreize" und SIC 27 "Beurteilung von Leasingtransaktionen".[22]

---

[19] Vgl. IFRS Portal (URL), IAS 17 § 4 .
[20] Vgl. Adolph, Peter; Gabor, Günther; Lange, Markus (2011), S. 471.
[21] Vgl. IFRS Portal (URL), IAS 17 § 2 .
[22] Vgl. Adolph, Peter; Gabor, Günther; Lange, Markus (2011), S. 471.

2.2 Klassifizierung von Leasingverhältnissen nach IAS 17

IAS 17 unterscheidet zwei Arten von Leasinggeschäften: die operativen (Operating-Leasing) und die finanziellen (Finanzierungsleasing) Leasinggeschäfte. Die Zuordnung eines Leasingvertrages zu einer dieser Kategorien ist für die spätere bilanzielle Behandlung der Leasingverhältnisse und die damit verbundenen Konsequenzen maßgeblich.

Für die Klassifizierung eines Leasingverhältnisses ist die wirtschaftliche Betrachtungsweise des Leasingvertrages entscheidend. Dabei wird nach dem Grundsatz der „Substance over form" vorgegangen, der besagt, dass ausschließlich der wirtschaftliche Gehalt einer Leasingtransaktion für die korrekte Klassifizierung eines Leasingverhältnisses ausschlaggebend ist. Die äußere Form eines solchen Vertrages sowie das rechtliche Eigentum am Leasingobjekt treten somit in den Hintergrund.[23]

Um zu bestimmen, welcher Art von Leasinggeschäft das Leasingverhältnis zugeordnet werden kann, muss ermittelt werden, auf welche der Vertragsparteien die mit dem Leasingobjekt verbundenen Chancen und Risiken übertragen werden.[24]

Als Risiken werden in IAS 17.7 eventuelle Verluste durch ungenutztes Leistungsvermögen des Leasinggegenstandes, technische Optimierungen sowie Ertragsschwankungen aufgrund veränderter wirtschaftlicher Voraussetzungen genannt.[25] Zudem ist auch das Risiko des zufälligen Untergangs des Leasinggegenstandes sowie dessen Wertminderung durchaus für die Klassifizierung relevant.[26]

Chancen existieren überwiegend in dem erwarteten Gewinn aus der Nutzung des Leasinggegenstandes, der Realisierung eines Wertzuwachses und der Steigerung des Restwertes.[27]

Werden, nach Abschluss eines Leasingvertrages, im Wesentlichen alle mit dem Eigentum am Leasingobjekt verbundenen Risiken und Chancen vom Leasinggeber auf den Leasingnehmer übertragen, liegt ein Finanzierungsleasing vor. Aufgrund der rein wirtschaftlichen Betrachtung nimmt der Leasingnehmer in diesem Fall die Position eines Kreditkäufers ein und muss somit den Leasinggegenstand laut IAS 17.20 in seiner Bilanz ausweisen.[28] Ist das Gegenteil der Fall, und es findet keine Übertragung der Risiken und Chancen auf den Leasingnehmer

---

[23] Vgl. Vater, Hendrik (2003), S. (2003), S.273.
[24] Vgl. Küting, Karlheinz; Hell, Christoph; Tesche, Thomas (2013), S.392.
[25] Vgl. Vater , Hendrik (2003), S.274.
[26] Vgl. Mellwig, Winfried; Sabel, Elmar (2013), Rn 44.
[27] Vgl. Vater, Hendrik (2003), S.274.
[28] Vgl. Mellwig, Winfried; Sabel, Elmar (2013), Rn.42.

statt, so ist die Leasingvereinbarung als Operating-Leasing zu klassifizieren, und das wirtschaftliche Eigentum bleibt beim Leasinggeber. Bilanziell wird das Leasingverhältnis daher entsprechend eines Mietvertrages im deutschen Bilanzrecht behandelt.[29]

Die Einstufung eines Leasingverhältnisses als Operating-Leasing oder Finanzierungsleasing ist bereits zu Beginn des Leasingverhältnisses durchzuführen.

Sollten sich beide Vertragsparteien während der Vertragslaufzeit zu inhaltlichen Änderungen der Leasingvereinbarung entscheiden, die zu Beginn des Vertragsabschlusses zu einer anderen Klassifizierung des Leasinggeschäftes geführt hätten, so wird die geänderte Vereinbarung als ein neuer Vertrag betrachtet. In diesem Fall ist eine erneute Einordnung vorzunehmen. Davon ausgenommen sind Abänderungen bezüglich Schätzungen, beispielsweise der wirtschaftlichen Nutzungsdauer und Sachverhalten, wie die Regelungen bei Zahlungsverzug des Leasingnehmers.[30]

In IAS 17.10 werden fünf Beispiele genannt, die für die Einstufung eines Leasingverhältnisses als Finanzierungsleasing sprechen. Demnach ist es naheliegend, dass eine solche Art von Leasinggeschäft vorliegt, wenn:

- dem Leasingnehmer am Ende der Laufzeit des Leasinggeschäftes das Eigentum an dem Leasingobjekt übertragen wird;

- der Leasingnehmer eine Kaufoption über das Leasingobjekt besitzt, deren Preis erwartungsgemäß deutlich geringer als der zum Optionsausübungszeitpunkt beizulegende Zeitwert des Leasinggegenstandes ist, so dass bereits zu Beginn des Leasinggeschäftes von der Ausübung der Option ausgegangen werden konnte;

- die Laufzeit des Leasinggeschäftes den größten Teil der wirtschaftlichen Nutzungsdauer des Leasinggegenstandes umfasst, trotz dessen, dass keine Übertragung des Eigentumsrechtes auf den Leasingnehmer stattfindet;

- der Barwert der Mindestleasingzahlungen zu Beginn des Leasinggeschäftes mindestens dem beizulegenden Zeitwert des Vermögenswertes entspricht und

- der Vermögenswert eine spezielle Beschaffenheit besitzt, so dass dieser ohne erhebliche Modifikation nur vom Leasingnehmer nutzbar ist.[31]

---

[29] Vgl. Mellwig, Winfried; Sabel, Elmar (2013), Rn.43.
[30] Vgl. IFRS Portal (URL), IAS 17 § 13.
[31] Vgl. Vater, Hendrik (2002), S.2094-2095.

Die Übereinstimmung mit einem dieser Beispiele kann bereits dazu führen, dass ein Leasingverhältnis als Finanzierungsleasing eingestuft wird. Erfüllt ein Leasingvertrag jedoch keine dieser Kriterien, verbleibt das wirtschaftliche Eigentum beim Leasinggeber, und das Leasingverhältnis ist als Operating-Leasing einzustufen.

Da es sich bei den in IAS 17.10 genannten Beispielen nicht um endgültig ausschlaggebende Bedingungen handelt, werden in IAS 17.11 drei weitere Indikatoren genannt.[32] Diese könnten, ebenfalls einzeln betrachtet, in Kombination oder unterstützend zu den in IAS 17.10 genannten Beispielen, dazu führen, dass ein Leasingverhältnis als Finanzierungsleasing einzuordnen ist, wenn:

- der Leasingnehmer das Leasingverhältnis auflösen kann und die dem Leasinggeber in Verbindung mit diesem Geschäft entstandenen Verluste trägt;
- die durch Schwankungen des beizulegenden Zeitwertes des Restwertes entstehenden Gewinne oder Verluste dem Leasingnehmer zugehen und
- der Leasingnehmer die Option auf eine Mietverlängerung hat, dessen Konditionen bedeutend günstiger sind als marktüblich.[33]

Bereits anhand der Wahl der Begriffe lässt sich jedoch erkennen, dass der IASB den Beispielen aus IAS 17.10 einen höheren Stellenwert zumisst als den Indikatoren aus IAS 17.11. Daher ist es unwahrscheinlich, dass die Einordnung eines Leasingvertrages als Finanzierungsleasing ausschließlich auf Grund der Übereinstimmung mit einem der Indikatoren erfolgt, was jedoch durchaus bei den Beispielen der Fall sein kann.[34]

Wiederum kann laut IAS 12 ein Leasingverhältnis, trotz der Übereinstimmung mit einem oder mehreren Beispielen und Indikatoren, als Operating-Leasing klassifiziert werden. Das ist der Fall, wenn auf Grund der Vertragsgestaltung unter wirtschaftlicher Betrachtung nicht im Wesentlichen alle mit dem Vermögensgegenstand verbundenen Chancen und Risiken auf den Leasingnehmer übergehen. Daher bedarf es für die Zuordnung eines Leasingverhältnisses zu einer der beiden Leasingarten immer einer Einzelfallprüfung.[35]

---

[32] Vgl. Lüdenbach, Norbert; Freiberg, Jens (2013), S.714.
[33] Vgl. Vater, Hendrik (2002), S.2095.
[34] Vgl. Mellwig, Winfried; Sabel, Elmar (2013), Rn.51.
[35] Vgl. Küting, Karlheinz; Hell, Christoph; Tesche, Thomas (2013), S.393.

2.3 Bilanzierung von Leasingverhältnissen nach IAS 17

2.3.1 Finanzierungsleasing

2.3.1.1 Bilanzierung beim Leasingnehmer

Ist ein Leasingvertrag im Sinne von IAS 17.8 und 17.9 als Finanzierungsleasing einzuordnen, so wird das Leasingobjekt in der Bilanz des Leasingnehmers aktiviert und eine entsprechende Verbindlichkeit passiviert, wobei der erstmalige Ansatz zu Beginn des Leasingvertrages erfolgt. Kosten, die dem Vertragsabschluss unmittelbar zugeordnet werden können, wie zum Beispiel Sicherungsaktivitäten, sind unvermeidliche Bestandteile des Leasinggegenstandes und werden daher als Anschaffungsnebenkosten ebenfalls aktiviert.[36]

Die Höhe der Verbindlichkeit beruht dabei auf dem Zeitwert (Fair Value) beziehungsweise dem Barwert der Mindestleasingzahlungen, sollte dieser geringer ausfallen als der beizulegende Zeitwert. Der Barwert der Mindestleasingzahlungen wird mit Hilfe des internen Zinssatzes des Leasinggeschäftes ermittelt. Da dieser jedoch in den seltensten Fällen zur Verfügung steht, kann alternativ der Grenzkapitalzins des Leasingnehmers zur Berechnung genutzt werden.[37]

Die Leasingzahlungen werden in einen Finanzierungs- und einen Tilgungsteil zerlegt. Durch den Tilgungsanteil wird die Verbindlichkeit des Leasingnehmers allmählich verringert, wobei der Finanzierungsteil als Zinsaufwand für jede Periode zu erfassen ist.[38] Dabei werden die dafür anfallenden Kosten so über die Dauer des Leasingvertrages aufgeteilt, dass perioden-übergreifend ein gleichbleibender Zins auf die übrigen Verbindlichkeiten besteht. Gleicher-maßen werden Sonderzahlungen linear über die Vertragslaufzeit verteilt.[39]

Handelt es sich bei dem Leasinggegenstand um einen beweglichen Vermögenswert oder eine Immobilie, hat der Leasingnehmer die Anschaffungskosten gemäß den Vorgaben aus IAS 16 (Sachanlagen) und IAS 38 (immaterielle Vermögensgegenstände) planmäßig abzuschreiben.[40]

Mit dem Leasingobjekt wird demnach gleichermaßen umgegangen wie mit einem sich im juristischen Eigentum des Leasingnehmers befindlichen Vermögensgegenstand.[41] Steht zu Vertragsbeginn nicht eindeutig fest, ob der Leasingnehmer auch das rechtliche Eigentum am

---

[36] Vgl. Vater, Hendrik (2003), S. 275.
[37] Vgl. Vater, Hendrik (2002), S. S. 2097.
[38] Vgl. Weiss, Manuela (2006), S. 64.
[39] Vgl. Vater, Hendrik (2003), S. 275.
[40] Vgl. Küting, Karlheinz; Hell, Christoph; Tesche, Thomas (2013), S. 392.
[41] Vgl. Vater , Hendrik (2003), S. 275.

Leasingobjekt erwirbt, werden die Abschreibungen auf das Leasingverhältnisse auf Grundlage der wirtschaftlichen Nutzungsdauer oder der Laufzeit des Leasingverhältnisses, sofern diese kürzer ist als die wirtschaftliche Nutzungsdauer, berechnet.[42]

Zudem ist das Leasingobjekt entsprechend der Regelungen aus IAS 36 (Wertminderung von Vermögenswerten) darauf zu prüfen, ob eine eventuelle außerplanmäßige Abschreibung notwendig ist.[43]

2.3.1.2 Bilanzierung beim Leasinggeber

Bei einem als Finanzierungsleasing klassifiziertem Leasingverhältnis wird das Leasingobjekt ausschließlich in der Bilanz des Leasingnehmers ausgewiesen. In der Bilanz des Leasinggebers erscheint lediglich eine Forderung, welche die aus dem Leasinggeschäft zu erwartenden Zahlungen widerspiegelt, deren Höhe auf Grundlage der Nettoinvestition für den Leasinggegenstand ermittelt werden kann.[44]

Kosten, die zu Beginn des Leasingverhältnisses anfallen und direkt dem Leasingobjekt zuzuordnen sind, werden gemäß 17.38 ebenfalls der Forderung hinzugefügt. In anderen Fällen sind Wertberichtigungen nur dann zulässig, wenn entscheidende Hinweise auf eine Wertminderung oder Uneinbringlichkeit bestehen.[45]

Der Nettoinvestitionswert wird durch das Abzinsen des Bruttoinvestitionswertes gebildet, der sich aus der Summe der zu erwartenden Mindestleasingzahlungen und dem nicht garantierten Restwert zusammensetzt. Die Differenz zwischen Nettoinvestitionswert und Bruttoinvestitionswert stellt den, durch die Umsetzung des Leasinggeschäftes und den Verkauf des Leasingobjektes am Ende der Vertragslaufzeit, realisierten Finanzertrag beziehungsweise Umsatzerlös dar.[46]

Die Anschaffungskosten des Vermögensgegenstandes werden im Gegenzug als Wareneinsatz oder als Kosten der umgesetzten Leistung erfasst. Während der Realisierung des Leasingvertrages mindert der von dem Leasingnehmer periodisch zu zahlende Tilgungsanteil erfolgsneutral die Forderung des Leasinggebers, während der Zinsanteil, der auf Grundlage des internen Zinsfußes ermittelt wird, als Zinsertrag erfasst wird.[47]

---

[42] Vgl. Küting, Karlheinz; Hell, Christoph; Tesche, Thomas (2013), S. 392.
[43] Vgl. Weiss, Manuela (2006), S. 63.
[44] Vgl. Vater, Hendrik (2002), S. S. 2098.
[45] Vgl. Weiss, Manuela (2006), S. 64.
[46] Vgl. Vater, Hendrik (2002), S. S. 2098.
[47] Vgl. Weiss, Manuela (2006), S. 66.

Der in der Bruttoinvestition enthaltene nicht garantierte Restwert muss vom Leasinggeber an jedem Abschlussstichtag auf eine eventuelle Wertveränderung geprüft werden. Sollte dies der Fall sein, wird die anfängliche Aufteilung aller Erträge um den Nominalbetrag sowie den nicht realisierten Finanzertrag korrigiert.[48]

2.3.2 Operating Leasing

2.3.2.1 Bilanzierung beim Leasingnehmer

Wird eine Leasingvereinbarung mittels der Kriterien des IAS 17 als Operating-Leasingverhältnis eingeordnet, ist der Leasingnehmer nicht der wirtschaftliche Eigentümer des Vermögensgegenstandes. Dementsprechend darf dieser das Leasingobjekt nicht in seiner Bilanz ausweisen.[49]

Die aus einem solchen Vertrag zu leistenden Leasingraten werden vom Leasingnehmer regelmäßig und periodengerecht über die gesamte Vertragslaufzeit als Aufwand erfasst. Der Aufwand entspricht hierbei nicht automatisch der Höhe der zu entrichtenden Leasingraten, sondern beinhaltet die insgesamt zu leistenden Zahlungen, die linear über die Laufzeit der Leasingvereinbarung verteilt werden.[50]

Von dieser Methode ist nur abzuweichen, wenn eine anderweitige Erfassung den Nutzenverlauf beim Leasingnehmer aussagekräftiger darstellt.[51]

Das ist dann der Fall, wenn der Leasinggeber bestimmte Kostenelemente aus einer Leasingvereinbarung für den Leasingnehmer übernimmt, um den Abschluss eines solchen Vertrages für den Leasingnehmer attraktiver zu gestalten.[52]

2.3.2.2 Bilanzierung beim Leasinggeber

Liegt ein Operating-Leasingverhältnis vor, so hat der Leasinggeber das Leasingobjekt auf der Aktiv-Seite seiner Bilanz zu erfassen. Die vom Leasingnehmer zu leistenden Leasingraten werden über die gesamte Laufzeit des Vertrages linear erfolgswirksam gebucht.[53] Die Aktivierung noch nicht realisierter Leasingzahlungen ist nicht erlaubt, da hier ein schweben-

---

[48] Vgl. Vater , Hendrik (2003), S. 277.
[49] Vgl. Vater, Hendrik (2002), S. S. 2098.
[50] Vgl. Weiss, Manuela (2006), S. 66.
[51] Vgl. Küting, Karlheinz; Hell, Christoph; Tesche, Thomas (2013), S. 393.
[52] Vgl. Weiss, Manuela (2006), S.67.
[53] Vgl. Vater, Hendrik (2002), S. S. 2099.

des Geschäft vorliegt. Sollte der Leasingnehmer Sonder- oder Vorauszahlungen leisten, werden diese als Rechnungsabgrenzungsposten auf der Passiv-Seite der Bilanz ausgewiesen und über die Vertragslaufzeit erfolgswirksam aufgeteilt.

Die Abschreibung des Vermögensgegenstandes erfolgt auf Grundlage der Vorschriften des IAS 16, 32 und 38. Stellt sich heraus, dass der wirtschaftliche Nutzen des Vermögensgegenstandes geringer ist als dessen Buchwert, wird dieser außerplanmäßig auf Grundlage des niedrigeren beizulegenden Wertes abgeschrieben.[54]

Kosten, die während des Vertragsabschlusses anfallen, werden entweder proportional über die Laufzeit verteilt oder bereits zu Beginn des Leasingverhältnisses in vollem Umfang verbucht.[55]

Anfallende Nebenkosten die beispielsweise aus Aufwendungen für Versicherungen, Instandhaltung und sonstigen Dienstleistungen entstehen und vom Leasingnehmer getragen werden, sind vom Leasinggeber sofort erfolgswirksam zu verbuchen.[56]

2.4 Sale-and-Leaseback-Transaktionen

2.4.1 Grundlagen

Eine Sale-and-Leaseback-Transaktion entsteht, wenn das rechtliche Eigentum an einem Vermögensgegenstand veräußert wird und der neue Eigentümer diesen dem ursprünglichen Eigentümer nach Abschluss eines Leasingvertrages zur Nutzung überlässt.[57] Demzufolge besteht dieses Geschäft aus zwei miteinander verbundenen Verträgen, einem Kauf- und einem Leasingvertrag.[58] Da jedoch davon auszugehen ist, dass die Leasingzahlungen und der Verkaufspreis in engem Bezug zueinander stehen, sind der Veräußerungsvertrag und das Leasingverhältnis als Einheit zu betrachten. Diese Tatsache findet daher ebenfalls in der Bilanzierung der Sale-and-Leaseback-Transaktion Berücksichtigung, wobei die bilanzielle Behandlung davon abhängt, ob das Leasingverhältnis gemäß den Vorgaben des IAS 17 als Finanzierungs- oder Operating-Leasing zu klassifizieren ist.[59]

Da der Grundgedanke einer Sale-and-Leaseback-Transaktion darin besteht, zwar das rechtliche, jedoch nicht das wirtschaftliche Eigentum an dem Vermögensgegenstand auf den Käufer

---

[54] Vgl. Weiss, Manuela (2006), S. 67.
[55] Vgl. Vater, Hendrik (2002), S. S. 2099.
[56] Vgl. Weiss, Manuela (2006), S. 67.
[57] Vgl. Kirsch, H. (2013), S.65.
[58] Vgl. Lüdenbach, Norbert; Freiberg, Jens (2013), S. 108, RN 163.
[59] Vgl. Mellwig, Winfried; Sabel, Elmar (2013), Rn. 188.

beziehungsweise Leasinggeber zu übertragen, führt die Klassifizierung meist zur Einstufung des Leasingverhältnisses als Finanzierungsleasing. In diesem Fall kann eine solche Transaktion durchaus als eine Kreditfinanzierung durch den Leasinggeber an den Leasingnehmer verstanden werden, wobei der Leasinggegenstand als Sicherheit dient.

Der Anlass für diese Transaktion ist oftmals die Freisetzung liquider Mittel durch das Veräußerungsgeschäft, wobei der Vermögensgegenstand dem Verkäufer weiterhin zur Nutzung zur Verfügung steht. Darüber hinaus sind steuerliche Vorteile sowie die Optimierung von Kennzahlen mögliche Motive.[60]

2.4.2 Bilanzierung beim Leasingnehmer

2.4.2.1 Finanzierungsleasing

Wird ein Leasingverhältnis aus einer Sale-and-Leaseback-Transaktion als Finanzierungsleasing identifiziert, darf der Verkaufserlös nicht sofort erfasst werden, da diese Transaktion einem Ratenkauf gleichzustellen ist. Der Leasingnehmer kauft den zuvor veräußerten Vermögensgegenstand unter ökonomischer Betrachtungsweise zurück und bleibt somit wirtschaftlicher Eigentümer des Objektes. Daher muss er diesen auch weiterhin in seiner Bilanz ausweisen.[61]

Für den Veräußerungsgewinn wird ein Abgrenzungsposten auf der Passiv-Seite der Bilanz gebildet, der entweder linear oder analog zur Abschreibungsmethode über die Vertragslaufzeit der Leasingvereinbarung aufgelöst wird.

Wird ein Veräußerungsverlust erzielt, ist dieser auf der Aktiv-Seite der Bilanz zu erfassen und ebenfalls über die Vertragslaufzeit der Leasingvereinbarung zu verteilen. Wurde dieser Verlust jedoch aufgrund einer Wertminderung des Vermögensgegenstandes erzielt, und der Buchwert ist höher als der tatsächliche Wert, so ist der Veräußerungsverlust einer außerplanmäßigen Abschreibung gleichzustellen und wird sofort erfolgswirksam verbucht.

Das Leasingobjekt selbst wird gemäß den Vorgaben zur Behandlung eines Finanzierungsleasings bilanziert, sodass die Leasingverbindlichkeit auf Grundlage des Zeitwertes beziehungsweise des gegebenenfalls niedrigeren Barwertes der Mindestleasingzahlungen ermittelt wird.[62]

---

[60] Vgl. Fehr, Jane (2013), S. 19.
[61] Vgl. Lüdenbach, Norbert; Freiberg, Jens (2013), S. 804, Rn. 167.
[62] Vgl. Mellwig, Winfried; Sabel, Elmar (2013), Rn. 190- 191.

2.4.2.2 Operating- Leasing

Ist ein Leasingverhältnis im Rahmen einer Sale-and-Leaseback-Transaktion als Operating-Leasing einzuordnen, wird nicht nur das rechtliche Eigentum, sondern auch das wirtschaftliche Eigentum an dem Vermögensgegenstand vom Verkäufer (Leasingnehmer) auf den Käufer (Leasinggeber) übertragen. Der Leasingnehmer behält sich ausschließlich das Nutzungsrecht bezüglich des Leasinggegenstandes inne.

In diesem Fall handelt es sich um ein echtes Veräußerungsgeschäft, dessen Behandlung davon abhängig ist, inwieweit der Veräußerungsertrag sich von dem Fair Value des Vermögensgegenstandes unterscheidet.[63]

Sind diese beiden Beträge gleich hoch, wird der gesamte entstandene Gewinn beziehungsweise Verlust aus dem Verkauf des Objektes unmittelbar erfasst.

Dies gilt ebenfalls, wenn der Verkaufspreis unter dem Zeitwert des Vermögensgegenstandes liegt und ein Veräußerungsgewinn erzielt werden konnte. Ist jedoch ein Verlust durch das Veräußerungsgeschäft entstanden, so ist dieser nur in dem Fall unmittelbar zu realisieren, wenn er nicht die im Leasingvertrag vereinbarten Raten verringert. Ist dies der Fall, wird der Verlust als Vorauszahlung der zu leistenden Leasingraten angesehen und muss daher über die Laufzeit des Leasingverhältnisses verteilt werden.

Liegt der Verkaufspreis über dem Zeitwert des Leasinggegenstandes wird der erzielte Gewinn ebenfalls über die Vertragslaufzeit aufgeteilt.

Für den Fall, dass der Fair Value des Vermögensgegenstandes zum Zeitpunkt der Transaktion unter dessen Buchwert liegt, ist die entstandene Differenz unmittelbar erfolgswirksam als außerplanmäßige Abschreibung zu verbuchen.[64]

2.4.3 Bilanzierung beim Leasinggeber

Für die bilanzielle Behandlung von Sale-and-Leaseback-Transaktionen auf Seiten des Käufers beziehungsweise Leasinggebers ist gemäß IAS 17 keine gesonderte Vorgehensweise zu beachten. Der Erwerb des Vermögensgegenstandes stellt eine erfolgsneutrale Anschaffung dar.

Das anschließende Leasingverhältnis wird gemäß den bestehenden Vorschriften des IAS 17 zur Bilanzierung von Finanzierungs- und Operating-Leasingverhältnissen beim Leasinggeber

---

[63] Vgl. Lüdenbach, Norbert; Freiberg, Jens (2013), S. 805, Rn. 168.
[64] Vgl. Mellwig, Winfried; Sabel, Elmar (2013), Rn. 192.

behandelt. Selbst wenn der Kaufpreis und die Leasingraten von den unter fremden Dritten üblichen Werten abweichen, ist keine veränderte Vorgehensweise zu beachten.[65]

2.5 Kritikpunkte an IAS 17

Die Leasingbilanzierung nach IAS 17 wird seit einiger Zeit sowohl von den Anwendern selbst, als auch von Jahresabschlussadressaten und Wirtschaftsprüfern stark kritisiert.

Leasingverhältnisse müssen in Abhängigkeit ihrer Klassifizierung vom Leasingnehmer entweder bilanziell erfasst werden (Finanzierungsleasing) oder sind bilanzneutral zu behandeln (Operating Leasing), wobei letzteres als hauptsächlicher Kritikpunkt dieses Standards bemängelt wird.[66] Jene Vorgehensweise folgt dem Grundsatz des „All-or-Nothing-Approach".

Um eine bilanzielle Erfassung beim Leasingnehmer zu vermeiden und somit betroffene Bilanzkennzahlen nicht zu verschlechtern, werden Leasingverträge vorzugsweise so gestaltet, dass sie hinsichtlich der Klassifikationskriterien als Operating-Leasing eingeordnet werden können.[67]

Diese "Off-Balance-Sheet-Bilanzierung" hat zur Folge, dass weder der Leasinggegenstand als Vermögenswert, noch die Leasingraten als Verbindlichkeit in der Bilanz dargestellt werden.[68] Im Fokus der Kritik stehen somit zum einen die flexible Vertragsgestaltung an sich und andererseits die dafür genutzten Ermessensspielräume bezüglich der Interpretation der Klassifizierungskriterien.[69]

Die als Klassifizierungshilfe dienenden Beispiele und Indikatoren sind nicht durch quantifizierte Maßgrößen messbar, wodurch sich erhebliche Unklarheiten ergeben.

So liegt beispielsweise die Entscheidung, ob eine günstige Kaufoption vorliegt, weitestgehend im Ermessen des Bilanzierenden.

Auch die Deutung des dritten Kriteriums, der sogenannte Mietzeittest, ist auf Grund seiner mangelhaften Erläuterung unklar. So interpretieren die Expertenmeinungen in der Literatur den

---

[65] Vgl. Mellwig, Winfried; Sabel, Elmar (2013), Rn. 229.
[66] Vgl. Küting, Karlheinz; Hell, Christoph; Tesche, Thomas (2013), S. 391.
[67] Vgl. Pellens, Bernhard; Fülbier, Uwe; Gassen, Joachim; Sellhorn, Thorsten(2014), S.692.
[68] Vgl. Küting, Karlheinz; Koch, Christian; Tesche, Thomas (2011), S.425.
[69] Vgl. Fehr, Jane (2013), S. 2.

überwiegenden Teil der Nutzungsdauer als 50%+1 über 75% bis hin zu einer Mehrheit von 90%.[70]

Im Sinne des vierten Kriteriums, des Barwerttest, kann der Barwert der Mindestleasingzahlungen durch einen hohen nicht garantierten Restwert gesenkt werden, sodass er geringer als der beizulegende Zeitwert des Vermögensgegenstandes ausfällt. Zudem kann der Barwert, alternativ zum internen Zinsfuß des Leasinggebers, durch den eigenen ermessensbehafteten Grenzkapitalzins des Leasingnehmers bestimmt werden, wobei bereits kleine Änderungen des Zinssatzes große Auswirkungen auf die Einhaltung der Grenzspanne von 90% - 99% bewirken. Durch jene Möglichkeiten der Vertragsgestaltung kann auf einfache Weise auch dieses Kriterium umgangen werden.

Der Indikator "Vorliegen einer Option zur Verlängerung des Leasingverhältnisses zu wesentlich niedrigeren Kosten als marktüblich" lässt ebenfalls offen, wie das Kriterium "wesentlich" zu interpretieren ist. Des Weiteren ist fraglich, wie die Vorteilhaftigkeit dieser Option zum Zeitpunkt der Vertragsgestaltung beurteilt werden kann.[71]

Die Auswirkungen der für den "Off-Balance-Sheet-Effekt" missbrauchten Regelungslücken und Ermessensspielräume führen zu einer verminderten Aussagekraft, Verständlichkeit, Analysefähigkeit und somit Entscheidungsnützlichkeit des Jahresabschlusses. Um diesen zu korrigieren sind die Abschlussadressaten dazu gezwungen die Bilanzwerte selbstständig, mit Hilfe von meist wenig detaillierten Anhangangaben, zu berichtigen.[72]

Auf Grund der fehlenden Abbildung der Rechte und Pflichten in der Bilanz des Leasingnehmers bei der "Off-Balance-Sheet-Bilanzierung" ist, nach Ansicht der Standardsetter selbst, der Informationsgehalt eines IFRS-Abschlusses unzureichend und die Vergleichbarkeit der Abschlüsse anzuzweifeln.[73] Um die Glaubwürdigkeit der Jahresabschlüsse nach IFRS ein Stück mehr zu gewährleisten, starteten der IASB und der FASB im März 2009 mit der Veröffentlichung des Diskussionspapieres "Leasing" ihr gemeinschaftliches Projekt zur Reformierung der internationalen Leasingbilanzierung.[74]

---

[70] Vgl. Vater, Hendrik (2002), S. 2095.
[71] Vgl. Vater, Hendrik (2002), S. 2099.
[72] Vgl. Findeisen, Klaus-Dieter; Sabel, Elmar (2009), S.1885.
[73] Vgl. Fischer, Daniel T. (2013), S. 195.
[74] Vgl. Schmidt, Peer; Thiele, Michael (2010), S. 254.

3 Neuregelung der Leasingbilanzierung durch ED/2013/6

3.1 Anwendungsgrundlagen

3.1.1 Definition von Leasingverhältnissen

Ein Leasingverhältnis wird nach den Vorschlägen des ED/2013/6 als ein Vertrag definiert, der dem Leasingnehmer das Nutzungsrecht an dem zugrunde liegenden Vermögenswert, im Austausch einer Gegenleistung, über einen bestimmten Zeitraum, überträgt. Folglich liegt gemäß ED 7 ein Leasingverhältnis vor, wenn die Vertragserfüllung von dem Gebrauch eines identifizierbaren Vermögenswerts abhängig ist und der Vertrag das Recht zur Kontrolle über die Nutzung des identifizierbaren Vermögenswerts, im Austausch für eine Gegenleistung über einen bestimmten Zeitraum, gewährleistet.[75]

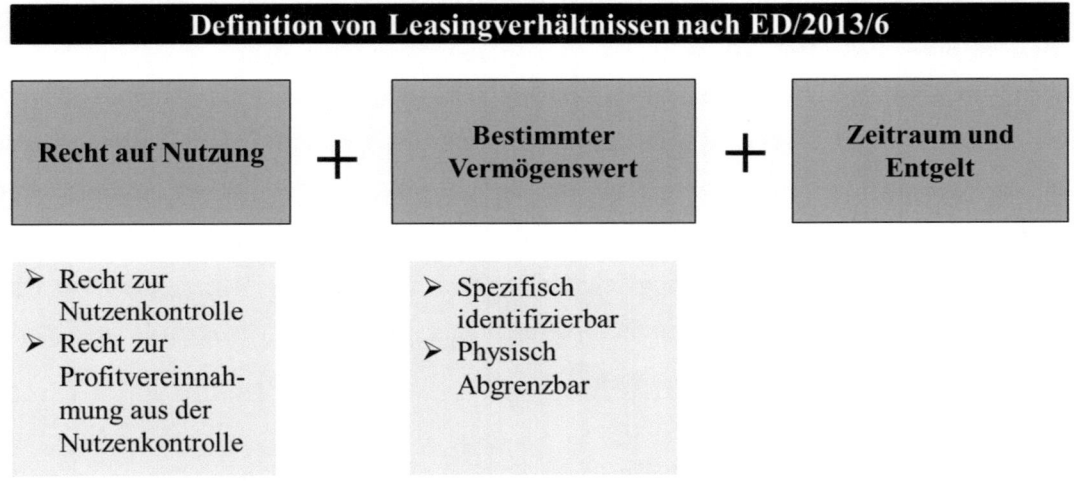

Abbildung 2: Definition von Leasingverhältnissen nach ED/2013/6
Quelle: Eigene Darstellung. Daten aus Nemet, Marijan (2013), S. 239.

In den Vorgaben des ED 11-14 werden die einzelnen Bestandteile dieser Definition näher beschrieben. So kann ein identifizierter Vermögenswert auch einen Teil eines Vermögenswertes darstellen, sobald es möglich ist, diesen physisch zu isolieren. Die Kontrolle über die Nutzung des identifizierbaren Vermögenswertes ist dann gegeben, wenn der Leasingnehmer dazu im Stande ist, über dessen Verwendung zu entscheiden und einen Nutzen aus dessen Gebrauch innerhalb der Vertragslaufzeit zu ziehen. Voraussetzung dafür, die Verwendung des

---

[75] Vgl. Theile, Carsten; Salewski, Nadja (2013), S. 744.

Leasinggegenstandes zu bestimmen, ist es, Entscheidungen über die Verwendung treffen zu können, die den aus dem Gebrauch des Leasingobjektes zu erntenden Profit bedeutend beeinflussen.[76]

3.1.2 Anwendungsbereich des ED/2013/6

In den Anwendungsbereich des ED/2013/6 fallen zukünftig alle Angelegenheiten, die laut Definition des Standardentwurfes ein Leasingverhältnis darstellen.[77] Zudem sind in ED 4-5 sowie 118-119 einige Sachverhalte beschrieben, die aus dem Anwendungsbereich ausgeschlossen werden beziehungsweise bestimmten Ausnahmen unterliegen.

Verträge die in den Anwendungsbereich des Standardentwurfes fallen sind demnach Leasing von Vermögenswerten, langfristiges Grundstücksleasing, Sale-and-Leaseback-Transaktionen, Untermietverhältnisse, Leasing von Vorräten sowie Leasing von nicht zum Kerngeschäft gehörenden Vermögenswerten und Leasingvereinbarungen, die ökonomisch betrachtet einem Kauf bzw. Verkauf entsprechen.

Leasingvereinbarungen mit Dienstleistungsbestandteilen, kurzfristige Leasingverhältnisse mit einer maximalen Laufzeit von 12 Monaten und Leasing von immateriellen Vermögenswerten (für Leasingnehmer) finden nur mit Ausnahme Einzug innerhalb des Anwendungsbereiches des ED.

Nicht berücksichtigt werden Leasingverhältnisse über immaterielle Vermögenswerte (für Leasinggeber), natürliche Ressourcen und Explorationen, biologische Vermögenswerte sowie Dienstleistungskonzessionsvereinbarungen.[78]

3.1.3 Laufzeit von Leasingverhältnissen

Gemäß ED/2013/6.25 besteht die Laufzeit einer Leasingvereinbarung künftig aus der unkündbaren Laufzeit der Vereinbarung inklusive mietfreier Zeiten. Dabei sind Optionen für die Kündigung und Verlängerung des Leasingverhältnisses zu berücksichtigen. Die Laufzeit wird dann als unkündbar angenommen, wenn weder der Leasingnehmer noch der Leasinggeber ein Recht auf Beendigung des Vertrages haben, welches ohne Einverständnis des Vertragspartners durchgesetzt werden kann.[79] Sollte eine Kündigungsoption bestehen, ist zu prüfen, ob ein bedeutender wirtschaftlicher Anreiz für den Leasingnehmer zur Anwendung besteht. Ist dies

---

[76] Vgl. KPMG (URL), S. 8-9.
[77] Vgl. Müller, Stefan; Lang, Tobias (2013), S. 275.
[78] Vgl. KPMG (URL), S. 11.
[79] Vgl. Müller, Stefan; Lang, Tobias (2013), S. 277.

der Fall, wird der Leasingzeitraum um den der Kündigungsoption zu Grunde liegenden Zeitraum verkürzt. Besteht ein bedeutender wirtschaftlicher Anreiz für den Leasingnehmer, eine bestehende Verlängerungsoption auszuüben, dann ist die Laufzeit der Leasingvereinbarung um jenen Zeitraum zu verlängern. Um das Vorliegen dieser Anreize für den Leasingnehmer zu beurteilen, werden zu Beginn der Leasinglaufzeit vertragliche, vermögenswert- und unternehmensspezifische sowie marktbasierte Indizien betrachtet. Dabei ist diese Beurteilung stark ermessensbehaftet. Liegt beispielsweise eine Kündigungsoption vor und ist der dem Vertrag zugrunde liegende Vermögenswert von zentraler Bedeutung für die Aufrechterhaltung der betrieblichen Tätigkeit des Leasingnehmers, so ist zu unterstellen, dass der Vertrag dennoch unkündbar ist.[80]

Die Vertragslaufzeit ist nur dann neu zu beurteilen, wenn die dargelegten Indizien sich so stark verändert haben, dass der wirtschaftliche Anreiz zur Ausübung der Option sich entscheidend gewandelt hat. Dies ist grundsätzlich dann gegeben, wenn der Leasingnehmer entgegen seiner ursprünglichen Entscheidung zur Ausübung oder Nicht-Ausübung der Option handelt.[81]

3.1.4 Behandlung Kurzfristiger Leasingverhältnisse

Nach dem neuen Standardentwurf besteht die Wahlmöglichkeit, die Bilanzierung für kurzfristige Leasingverhältnisse entweder nach den Vorgaben des ED durchzuführen oder diese bilanziell nicht zu erfassen.[82] Dabei liegt eine kurzfristige Leasingvereinbarung gemäß ED 118-119 App A dann vor, wenn die vertraglich vereinbarte maximal mögliche Vertragslaufzeit einschließlich eventueller Verlängerungsoptionen die Dauer von 12 Monaten nicht überschreitet und der Vertrag keine Kaufoption des zugrunde liegenden Vermögenswertes für den Leasingnehmer enthält.[83] Ein Leasingverhältnis, zu dessen Verlängerung nach Ablauf der Vertragslaufzeit beide Vertragspartner zustimmen müssen, ist dann ein kurzfristiges Leasingverhältnis, wenn die Laufzeit unkündbar ist und inklusive der Kündigungsfrist maximal 12 Monate beträgt. Besteht jedoch seitens einer Partei die Option zur Kündigung der Leasingvereinbarung oder hat der Leasingnehmer das Recht, ohne Einverständnis des Leasinggebers die Vereinbarung zu verlängern, dann müssen diese Optionszeiträume in die Berechnung der Vertragslaufzeit einfließen.

---

[80] Vgl. Deloitte (URL), S. 5.
[81] Vgl. Müller, Stefan; Lang, Tobias (2013), S. 278.
[82] Vgl. Nemet, Marijan (2013), S. 240.
[83] Vgl. Deloitte (URL), S. 5.

Entspricht eine Leasingvereinbarung den Kriterien für ein kurzfristiges Leasingverhältnis gemäß ED/2013/6 und fällt die Entscheidung, die neuen Bilanzierungsmodelle nicht anzuwenden, dann führt dies zu folgendem vereinfachten Bilanzierungsansatz:[84]

Leasingnehmer	Leasinggeber
• Leasingvermögen/–Verbindlichkeiten werden nicht erfasst	• Leasingforderungen und Residualvermögen werden nicht erfasst
• Erfassung der Leasingraten linear über die Vertragslaufzeit in der GuV	• der zugrunde liegende Vermögenswert wird nach wie vor bilanziert
	• Erfassung der Leasingraten linear über die Vertragslaufzeit in der GuV

Tabelle 2: Bilanzierungsansatz für kurzfristige Leasingverhältnisse
Quelle: Eigene Darstellung. Daten aus KPMG (URL), S. 14.

3.1.5 Separieren einzelner Leasingkomponenten

Gemäß ED 20-23 sind Verträge, die mehrere Elemente beinhalten, für Bilanzierungszwecke zu unterscheiden. Eine Trennung findet dabei sowohl bezüglich der Aufteilung in Leasing- und Nicht-Leasingkomponenten als auch bezüglich der Aufteilung in separate Leasingkomponenten an sich statt. Das Recht zur Nutzung eines Vermögenswertes stellt dann eine separate Leasingkomponente dar, wenn der Leasingnehmer aus dessen Verwendung selbst oder in Kombination mit leicht zugänglichen Hilfsmitteln Profit erzielt. Zudem darf das Leasingobjekt nicht in Abhängigkeit oder einer Wechselbeziehung zu anderen, dem Leasingvertrag zugrunde liegenden Vermögenswerten, stehen.[85]

Sind alle Leasingkomponenten aus dem Vertrag bestimmt worden, prüfen sowohl Leasingnehmer als auch Leasinggeber, inwieweit die einzelnen Leasingbestandteile gesondert zu bilanzieren sind und die Aufteilung der Gegenleistungen der separierten Vertragsbestandteile vorzunehmen ist. Für den Leasingnehmer hängt die Zuteilung davon ab, ob die einzelnen Elemente am Markt erhältlich sind und demzufolge deren Einzelpreis ermittelt werden kann. Für den Fall, dass dieser für jede einzelne Komponente bestimmt werden kann, bilanziert der Leasingnehmer die Bestandteile getrennt voneinander auf Grundlage ihres relativen Einzelpreises.[86] Können die beobachtbaren Einzelpreise nicht bei allen, aber mindestens einem Element des Leasingvertrages bestimmt werden, so werden die einzelnen Komponenten

---

[84] Vgl. KPMG (URL), S. 12-13.
[85] Vgl. Deloitte (URL), S. 4-5.
[86] Vgl. Thil, Tami-Dinh; Fink, Christian; Schultze, Wolfgang (2013), S. 368.

ebenfalls getrennt bilanziert. Dabei wird allen Komponenten, deren Einzelpreis verfügbar ist, ein Eigenanteil in Höhe ihres Einzelpreises zugeteilt. Der Rest des Entgeltbetrages wird auf die übrigen Komponenten aufgeteilt.[87] Ist für keines der Bestandteile ein Einzelpreis verfügbar, wird das Leasingverhältnis insgesamt in der Bilanz erfasst.

Der Leasinggeber hat die einzelnen Leasingkomponenten, immer gemäß den Vorschriften zur Erlöserfassung, auf Basis des relativen Verkaufspreises, getrennt voneinander zu erfassen.[88]

3.2 Klassifizierung von Leasingverhältnissen

Für die zukünftige Klassifizierung von Leasingverhältnissen sieht der ED/2013/6 einen Mechanismus vor, der für Leasingnehmer und Leasinggeber analog anzuwenden ist.[89]
Die Zuordnung erfolgt gemäß dem Standardentwurf künftig erst zum Zeitpunkt des Laufzeitbeginnes. Entsprechend IAS 17 wird diese dagegen bereits zum Zeitpunkt des Vertragsabschlusses durchgeführt. Eine Korrektur der Klassifikation ist zu einem späteren Zeitpunkt generell nicht vorzunehmen, außer es erfolgt eine substantielle Änderung der Vertragsinhalte. Zu prüfen ist in diesem Fall, ob die Veränderungen bedeutend oder unbedeutend sind. Ist ersteres gegeben, ist der veränderte Vertrag als neuer Vertrag anzusehen und muss daher einer erneuten Einschätzung zur Klassifizierung unterzogen werden.[90]

Die für beide Vertragsparteien verbindliche, einheitliche Klassifizierung dient der Feststellung, ob das Leasingverhältnis im Wesentlichen über die Charakteristik einer Finanzierung verfügt und hat entsprechende Auswirkungen auf die Bilanzierung des Leasingverhältnisses beim Leasingnehmer und Leasinggeber.[91]

Der neue Standardentwurf löst das Modell des IAS 17 ab, das zum Ziel einer Vermögenszuordnung nach dem wirtschaftlichen Eigentum zwischen Finanzierungs- und Operating-Leasing unterscheidet. Die Vorschläge des ED/2013/6 nehmen eine Unterscheidung nach dem Verbrauchsprinzip vor und ordnen die Nutzungsverhältnisse in die Kategorien Typ A und Typ B ein.

In einem Typ A-Vertrag gibt der Leasingnehmer den Vermögensgegenstand am Ende der Vertragslaufzeit in einem verbrauchten, minderwertigen Zustand zurück. Der Leasinggeber ermöglicht dem Leasingnehmer die Nutzung des Vermögenswertes und verlangt als Gegen-

---

[87] Vgl. Müller, Stefan; Lang, Tobias (2013), S. 277.
[88] Vgl. Thil, Tami-Dinh; Fink, Christian; Schultze, Wolfgang (2013), S. 368.
[89] Vgl. Müller, Stefan; Lang, Tobias (2013), S. 278.
[90] Vgl. Deloitte (URL), S. 7.
[91] Vgl. Bardens, Andrea; Kroner, Matthias; Meurer, Holger (2013), S. 457.

leistung eine Vergütung für die Finanzierung der Anschaffungs- und Herstellkosten des Objektes für den Zeitraum der Vertragslaufzeit. Darüber hinaus fordert der Leasinggeber vom Leasingnehmer eine entsprechende Entschädigung für den während der Vertragsdauer verbrauchten Teil des Nutzenpotentials des Vermögensgegenstandes.

Bei Typ B-Leasingverhältnissen unterliegt das Leasingobjekt während der Vertragslaufzeit kaum einem Werteverlust. Der Leasingnehmer gibt den Gegenstand am Ende der Vertragslaufzeit in einem beinahe unveränderten Zustand zurück. Der Leasinggeber erhält als Gegenleistung eine Vergütung, die in erster Linie seine Refinanzierungsleistung abdeckt. Da die Grenzen zwischen beiden Typen allein durch das Verbrauchsprinzip nicht klar definierbar sind, typisiert der IASB sie gegenstandsbezogen. [92]

Bei der Klassifikation eines Leasingverhältnisses ist daher entscheidend, ob es sich bei dem Vermögenswert um eine Immobilie oder Mobilie handelt.

Stellt der dem Leasingverhältnis zugrunde liegende Vermögenswert eine Immobilie dar, führt dies generell zu einem Typ B-Leasingverhältnis. Diese Vermutung wird jedoch widerlegt, wenn die Laufzeit des Leasingverhältnisses den überwiegenden Teil der wirtschaftlichen Restnutzungsdauer des Leasingobjektes umfasst oder der Barwert der Leasingzahlungen im Wesentlichen dem beizulegenden Zeitwert des Vermögenswertes zu Beginn der Vertragslaufzeit entspricht.

Handelt es sich bei dem Leasinggegenstand um eine Mobilie, so wird die Leasingvereinbarung als Typ A-Leasingverhältnis klassifiziert. Widerlegt werden kann diese Vermutung, wenn die Vertragslaufzeit einen unwesentlichen Teil der wirtschaftlichen Nutzungsdauer des Objektes darstellt oder der Barwert der Leasingzahlungen unbedeutend im Vergleich zum beizulegenden Zeitwert des Vermögensgegenstandes zu Beginn der Vertragslaufzeit ist.

In jedem Fall ist ein Leasingverhältnis als Typ A-Leasingverhältnis zu klassifizieren, wenn der Leasingnehmer einen wesentlichen wirtschaftlichen Anreiz zur Ausübung einer im Vertrag enthaltenen Kaufoption des Leasingobjektes hat.

Der Klassifizierungstest ist nicht verpflichtend für Leasingvereinbarungen anzuwenden, die die Kriterien einer kurzfristigen Leasingvereinbarung erfüllen.

Das folgende Schema verdeutlicht das Vorgehen des vorgeschlagenen Klassifizierungstests.[93]

---

[92] Vgl. Hommel, Michael; Winter Heike; Zicke, Julia (2013), S. 1708.
[93] Vgl. KPMG (URL), S. 18-19.

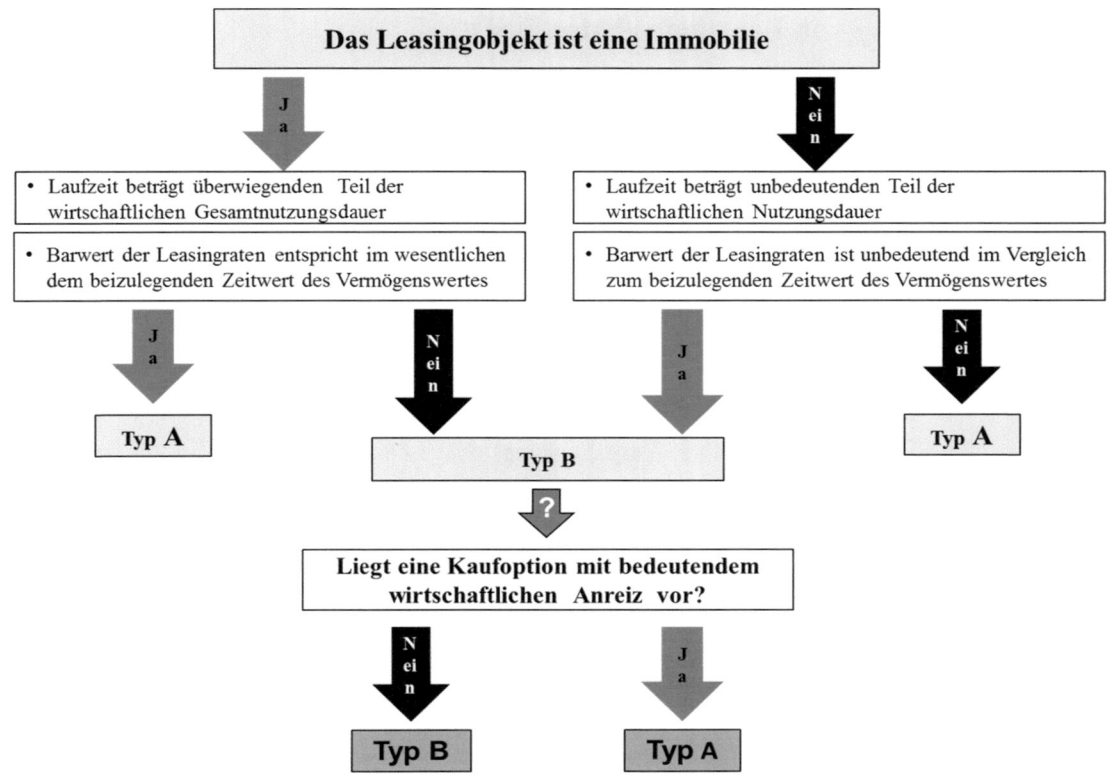

Abbildung 3: Prüfschema der Klassifizierung von Leasingverhältnissen nach ED/2013/6
Quelle: Eigene Darstellung. Daten aus Theile, Carsten; Salewski, Nadja (2013), S. 743.

Enthält eine Leasingkomponente mehrere Vermögenswerte, die in einer Wechselwirkung miteinander stehen und nur in Abhängigkeit voneinander zu einem Produktionsergebnis führen, konzentriert sich die Klassifizierung stets auf den primären Vermögenswert.[94] Der primäre Vermögenswert stellt den dominanten Vermögenswert dar, über dessen Nutzungsrecht der Leasingvertrag abgeschlossen wurde. Die Nebenvermögenswerte dienen allein dem Zweck, die Verwendung des primären Vermögenswertes zu unterstützen, um einen Nutzen zu erzielen.[95]

Das IASB definiert in ED/2013/6.30 und 6.33 beispielsweise das Gebäude als dominierenden Vermögenswert, sobald einer Leasingkomponente ein Grundstück und Gebäude zu Grunde liegt.[96]

---

[94] Vgl. Müller, Stefan; Lang, Tobias (2013), S. 278-279.
[95] Vgl. KPMG (URL), S. 24.
[96] Vgl. Müller, Stefan; Lang, Tobias (2013), S. 278-279.

3.3 Bilanzierung von Leasingverhältnissen

3.3.1 Bilanzierung beim Leasingnehmer

3.3.1.1 Erstansatz und -bewertung

Das neue Konzept der Leasingbilanzierung basiert auf dem "Right-of-Use-Ansatz", wonach sich die bilanzielle Behandlung der Leasingverhältnisse primär auf die Erfassung der aus dem Vertrag resultierenden Rechte und Pflichten konzentriert.

Nach diesem Konzept hat der Leasingnehmer das Nutzungsrecht an dem Leasingobjekt als Vermögenswert zu aktivieren. Die Verpflichtung des Leasingnehmers, die vereinbarten Leasingraten zu entrichten, wird in Form einer Leasingverbindlichkeit passiviert.

Um das Leasingverhältnis erstmalig anzusetzen, müssen zunächst der Wert des Nutzungs-rechtes sowie die Höhe der Leasingverbindlichkeit bestimmt werden. Die Leasingverbind-lichkeit entspricht dabei dem Barwert der Leasingzahlungen, der mittels eines Diskontie-rungszinses ermittelt wird.[97] Dieser sollte bevorzugt dem Kalkulationszins des Leasinggebers entsprechen, also dessen internen Zinssatzes. Da jener Zinssatz dem Leasingnehmer in den meisten Fällen unbekannt ist, kann entsprechend der Grenzkapitalzins des Leasingnehmers zur Berechnung herangezogen werden. Bei der Ermittlung des Grenzkapitalzinses sind die Kreditwürdigkeit, die Laufzeit des Leasingverhältnisses, die Art und Beschaffenheit der bestellten Sicherheit und die wirtschaftlichen Umstände der Transaktion zu beachten.[98]

Ausschlaggebend für die Berechnung des Barwertes der Leasingzahlungen ist zudem die Laufzeit des Leasingverhältnisses, da diese als Basis der Abzinsung dient und so Einfluss auf die Höhe des Nutzungsrechtes sowie der Verbindlichkeit hat.[99] Als Laufzeit des Leasingver-hältnisses gilt der unkündbare Zeitraum des Leasingverhältnisses, wobei mögliche Verlänge-rungs- und Kündigungsoptionen bei der Betrachtung berücksichtigt werden müssen.[100] Die Leasingzahlungen umfassen alle künftigen Zahlungen, die aus der Nutzung des Vermögens-wertes, während der erwarteten Laufzeit des Leasingvertrages, hervorgehen. Die Leasingraten können sich daher zusammensetzten aus:

- fixen Leasingzahlungen, vermindert um enthaltene Anreizzahlungen,

---

[97] Vgl. Grundmann, Ralf; Hempel, Kay (2014), S. 38-39.
[98] Vgl. Müller, Stefan; Lang, Tobias (2013), S. 279.
[99] Vgl. Grundmann, Ralf; Hempel, Kay (2014), S. 39.
[100] Vgl. KPMG (URL), S. 30.

- variablen Leasingzahlungen, die auf Basis eines Indizes oder Zinssatzes bemessen werden,
- variablen Leasingzahlungen, die faktisch fix sind,
- erwarteten Zahlungen auf Grund einer Restwertgarantie und
- erwarteten Zahlungen bezüglich der Ausübung von Kauf- oder Kündigungsoptionen.[101]

Das Nutzungsrecht als Leasingvermögenswert wird beim Zugang mit den Anschaffungskosten bewertet. Diese bestehen ebenfalls aus dem Barwert der Leasingzahlungen, zuzüglich anfänglicher direkter Kosten sowie aller Zahlungen an den Leasinggeber vor Laufzeitbeginn, abzüglich jener vom Leasinggeber geleisteten Zahlungen. Die anfänglichen direkten Kosten werden auch als Initialkosten bezeichnet und müssen der Vertragsverhandlung sowie dem Abschluss des Leasingvertrages unmittelbar zurechenbar sein.

Typische Initialkosten sind gemäß ED/2013/6.B10 beispielsweise:[102]

- Provisionen und Rechtsberatungsgebühren,
- Kosten zur Prüfung der Kreditwürdigkeit des Leasingnehmers,
- Kosten für die Beurteilung und Erfassung von Garantien, Sicherheiten und anderen Sicherheitsübereinkommen,
- Kosten für die Vertragsabstimmung (meist Reisekosten),
- Kosten für die Erstellung und Bearbeitung der Vertragsunterlagen und
- Abfindungszahlungen an den bisherigen Mieter.[103]

Die Berechnung des Nutzungsrechts an dem Vermögenswert kann durch folgende Abbildung verdeutlicht werden:

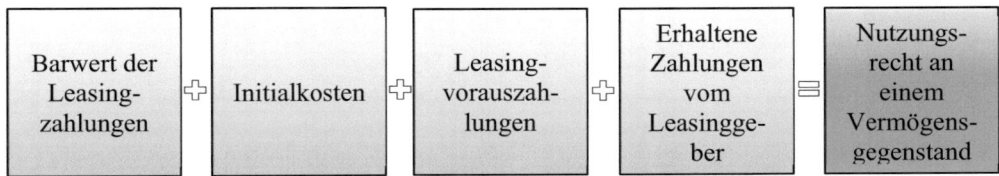

Abbildung 4: Berechnung des Nutzungsrechts an einem Vermögenswert
Quelle: Eigene Darstellung. Daten aus KPMG (URL), S. 36.

---

[101] Vgl. Deloitte (URL), S. 8.
[102] Vgl. Müller, Stefan; Lang, Tobias (2013), S. 279.
[103] Vgl. KPMG (URL), S. 36.

Bei Erstbewertung eines Leasingverhältnisses wird auf Leasingnehmerseite der erfolgsneutrale Anschaffungsvorgang zum Bilanzstichtag wie folgt verbucht:

Nutzungsrecht   an   Leasingverbindlichkeit[104]

3.3.1.2 Folgebewertung

Zum Zweck der Folgebewertung ist die Leasingverbindlichkeit regelmäßig neu zu beurteilen. Eine Neubewertung ist dann vorzunehmen, wenn die Leasingzahlungen oder der Diskontierungszins aufgrund der folgenden Umstände neu ermittelt werden müssen:[105]

- Änderung der Laufzeit des Leasingverhältnisses
- Änderung der Ausübungswahrscheinlichkeit einer Kaufoption
- Änderung der erwarteten Zahlungen aus einer Restwertgarantie
- Änderung des Index bzw. Zinses bei variablen Leasingzahlungen

Letzteres hat eine Erfassung in der GuV der betroffenen Periode zur Folge. Bei allen anderen Sachverhalten sind die Änderungen gegenüber der Leasingverbindlichkeit und dem Nutzungsrechtes erfolgsneutral anzupassen.[106]

3.3.1.2.1 Folgebewertung von Typ A-Verträgen

Bei der Folgebewertung der Verbindlichkeiten von Typ A-Leasingverhältnissen werden laut ED/2013/6.41 ff. die tatsächlichen Leasingzahlungen in einen Zins- und Tilgungsanteil zerlegt. Die Berechnung des Zinsanteils erfolgt mittels der Effektivzinsmethode. Die Leasingzahlungen werden dabei mit einem über die Laufzeit des Leasingverhältnisses gleichbleibenden Zins askontiert. Aus der Differenz der tatsächlichen Leasingzahlungen und dem berechneten Zinsaufwand resultiert der Tilgungsanteil, welcher die Leasingverbindlichkeiten von Periode zu Periode vermindert.[107]

Da bei Typ A-Verträgen ein Verbrauch des Vermögenswertes unterstellt wird, werden bei der Folgebewertung des Nutzenrechtes die fortgeführten Anschaffungskosten zugrunde gelegt. Diese werden in den folgenden Jahren planmäßig und linear abgeschrieben. Als Laufzeit der Abschreibung gilt dabei entweder die Laufzeit des Leasingverhältnisses oder die wirtschaftliche Nutzungsdauer des Vermögenswertes, wobei stets die jeweils kürzere Periode zu verwenden ist. Enthält der

---

[104] Vgl. Pellens, Bernhard; Fülbier, Uwe; Gassen, Joachim; Sellhorn, Thorsten (2014), S. 696.
[105] Vgl. Deloitte (URL), S. 9.
[106] Vgl. Bardens, Andrea; Kroner, Matthias; Meurer, Holger (2013a), S. 511.
[107] Vgl. Müller, Stefan; Lang, Tobias (2013), S. 280.

Leasingvertrag jedoch eine Kaufoption, deren Ausübung für den Leasingnehmer lohnenswert ist, so wird das Nutzungsrecht über die wirtschaftliche Nutzungsdauer des Leasinggegenstandes abgeschrieben.[108] Die Anschaffungskosten des Nutzenrechtes sind während der Laufzeit um die Abschreibungen zu kürzen und gemäß IAS 36 auf Wertminderung zu prüfen.[109]

Die Folgebewertung von Typ A-Verträgen wird wie folgt gebucht:

Abschreibung	an	Nutzungsrecht
Leasingverbindlichkeit		
Zinsaufwand	an	Bank[110]

3.3.1.2.2 Folgebewertung von Typ B-Verträgen

Da bei Leasingverträgen des Typ B nur ein unbedeutender Teil der Restnutzungsdauer als Laufzeit des Leasingverhältnisses bestimmt ist, steht nicht der Verbrauch des Vermögensgegenstandes im Vordergrund. Der Leasingnehmer zahlt einen konstanten Beitrag als Gegenleistung für die Nutzung des Leasingobjektes.[111]

Infolgedessen wird gemäß ED/2013/6.42(b) bei der Folgebewertung von Typ B-Verträgen nicht die Abschreibung auf das Nutzungsrecht linear erfasst, sondern die gesamten Leasingzahlungen sind linear über die Laufzeit des Leasingverhältnisses als Leasinggesamtaufwand zu verteilen. Wie bei der Behandlung von Typ A-Verträgen werden die Leasingzahlungen in einen Zins- und Tilgungsanteil aufgespalten. Der Zinsaufwand wird dabei ebenfalls mittels der Effektivzinsmethode auf Basis der Leasingverbindlichkeit berechnet. Der Abschreibungsbetrag ergibt sich aus der Differenz von Leasinggesamt- und Zinsaufwand. Da der Zinsanteil im Laufe der Zeit abnimmt, wird der lineare Leasinggesamtaufwand durch einen progressiven Abschreibungsverlauf erreicht.

Die Leasingverbindlichkeit wird durch die Differenz zwischen den Leasingraten und dem Zinsaufwand getilgt.[112]

Die Buchung der Folgebilanzierung eines Typ B-Vertrages gestaltet sich wie folgt:

Leasingaufwand		Nutzungsrecht
Leasingverbindlichkeit	an	Bank[113]

---

[108] Vgl. Grundmann, Ralf; Hempel, Kay (2014), S. 41.
[109] Vgl. Deloitte (URL), S. 9.
[110] Vgl. Pellens, Bernhard; Fülbier, Uwe; Gassen, Joachim; Sellhorn, Thorsten(2014), S. 696.
[111] Vgl. Nemet, Marijan (2013), S. 241.
[112] Vgl. Müller, Stefan; Lang, Tobias (2013), S. 281.

3.3.1.3 Ausweis

Das Nutzungsrecht wird in der Bilanz des Leasingnehmers als Aktivposten innerhalb der Sachanlagen, jedoch separiert von anderen Vermögenswerten, erfasst. Die Leasingverbindlichkeit wird ebenfalls getrennt von anderen Verbindlichkeiten als Passivposten ausgewiesen. Somit ergibt sich eine Bilanzverlängerung in Höhe des Nutzungsrechts beziehungsweise der Leasingverbindlichkeit, die sich wie folgt darstellt:[114]

Aktiva		Bilanz	Passiva
Technische Anlagen und Maschinen	xxx	Eigenkapital	xxx
Betriebst- und Geschäftsausstattung	xxx	Gezeichnetes Kapital	xxx
Nutzungsrecht	**xxx**	Gewinnrücklagen	xxx
Forderungen	xxx	Jahresüberschuss/Jahresfehlbetrag	xxx
Kasse/Bank	xxx	Verbindlichkeiten (kurz- und langfristig)	xxx
		Leasingverbindlichkeiten	**xxx**
	XXXXX		**XXXXX**

Tabelle 3: Bilanz des Leasingnehmers bei Erstbewertung nach ED/2013/6
Quelle: Grundmann, Ralf; Hempel, Kay (2014), S. 40.

Alternativ kann der Leasingnehmer das Nutzungsrecht und die Verbindlichkeit eines Leasingverhältnisses auch im Anhang ausweisen, wobei dieselbe Vorgehensweise wie bei der bilanziellen Erfassung zu beachten ist. Dabei hat er das Nutzungsrecht im gleichen Bilanzposten abzubilden, in dem er den Vermögensgegenstand ausgewiesen hätte, würde dieser sich in seinem Eigentum befinden. Zudem muss angegeben werden, in welchem Bilanzposten das Nutzungsrecht sowie die Leasingverbindlichkeit enthalten sind.[115]

Bei einem Typ A-Vertrag werden der Zinsaufwand aus den Leasingzahlungen und die planmäßige Abschreibung des Nutzungsrechtes separat in der GuV erfasst. Da der Zinsaufwand degressiv verläuft, wird die GuV zu Beginn des Leasingverhältnisses höher belastet. Dies wird als beschleunigte Aufwandserfassung beziehungsweise als "Front-Loading-Effekt" bezeichnet.[116]

---

[113] Vgl. Pellens, Bernhard; Fülbier, Uwe; Gassen, Joachim; Sellhorn, Thorsten(2014), S. 698.
[114] Vgl. Grundmann, Ralf; Hempel, Kay (2014), S. 40.
[115] Vgl. Deloitte (URL), S. 10.
[116] Vgl. Thil, Tami-Dinh; Fink, Christian; Schultze, Wolfgang (2013), S. 369.

Der bei einem Typ B-Vertrag entstehende Leasingaufwand umfasst sowohl den Zinsaufwand als auch die Abschreibung und ist im Ganzen in der GuV zu erfassen, wodurch hier der separate Ausweis der Finanzierungskosten entfällt.[117]

3.3.2 Bilanzierung beim Leasinggeber

3.3.2.1 Bilanzierung von Typ A-Verträgen

3.3.2.1.1 Erstbewertung

Bei der Bilanzierung von Typ A-Verträgen beim Leasinggeber kommt das "Forderungs- und Restwert-Modell" zur Anwendung, welches ebenfalls auf die Intention des "Right-of-Use-Approach" ausgerichtet ist. Der Leasinggeber bucht zu Laufzeitbeginn den Leasinggegenstand aus seiner Bilanz aus. Stattdessen setzt er eine Forderung auf Erhalt der Leasingzahlungen sowie einen Restvermögenswert, der den nicht zur Nutzung überlassenen Anteil am Leasingobjekt darstellt, an.[118]

Entsteht ein Unterschiedsbetrag auf Grund einer Ausbuchungsdifferenz zwischen Buchwert und beizulegendem Zeitwert des Leasingobjektes, wird dieser in Höhe des Verhältnisses aus Barwert der Leasingzahlungen und beizulegendem Zeitwert insoweit realisiert, als er durch die Leasingvereinbarung erwirtschaftet wurde.[119] Ein dadurch erzielter Gewinn beziehungsweise Verlust ist als Gesamtposition oder aufgespalten als Umsatzerlös oder Umsatzkosten darzustellen.[120]

Der verbleibende Restvermögenswert, welcher das für den Leasinggeber verbleibende Nutzenpotential am Leasingobjekt verkörpert, ist zu seinem Barwert, vermindert um den noch nicht realisierten Gewinn, anzusetzen.

Die Leasingforderung wird ebenfalls mittels des Barwertes der Leasingzahlungen zuzüglich anfänglicher direkter Kosten ermittelt.[121] Zur Diskontierung der Leasingzahlungen wird der dem Leasingnehmer in Rechnung gestellte Zinssatz, verwendet.

Die Leasingzahlungen sind im Wesentlichen identisch mit den Leasingraten, die der Leasingnehmer zur Bewertung seiner Verbindlichkeiten heranzieht und sind somit ebenfalls, unter Berücksichtigung von variablen Leasingzahlungen, Restwertgarantien, Entschädigungen bei

---

[117] Vgl. Thil, Tami-Dinh; Fink, Christian; Schultze, Wolfgang (2013), S. 369.
[118] Vgl. Pellens, Bernhard; Fülbier, Uwe; Gassen, Joachim; Sellhorn, Thorsten(2014), S. 698.
[119] Vgl. Deloitte (URL), S. 10.
[120] Vgl. Pellens, Bernhard; Fülbier, Uwe; Gassen, Joachim; Sellhorn, Thorsten(2014), S. 698-699.
[121] Vgl. Thil, Tami-Dinh; Fink, Christian; Schultze, Wolfgang (2013), S. 370.

Ausübung einer Kündigungsoption und des Kaufpreises im Rahmen einer Kaufoption, zu ermitteln. Jedoch fließen nur Restwertgarantien in die Berechnung der Leasingzahlungen ein, die als faktisch feste Leasingzahlungen anzusehen sind.[122]

Die Erstbewertung eines Typ A-Leasingverhältnisses wird auf Leasinggeberseite zum Bilanzstichtag wie folgt verbucht:

Forderung   Sachanlagen

Restvermögenswert   an   Ertrag[123]

3.3.2.1.2 Folgebewertung

Im Rahmen der Folgebewertung werden die Leasingforderung und der Restvermögenswert mittels Effektivzinsmethode bewertet. Die Leasingforderung ist um die erhaltenen Leasingraten zu kürzen und zu jedem Bilanzstichtag erneut zu beurteilen, sollten sich Änderungen bezüglich der Leasingraten oder des Zinssatzes ergeben haben.

Auch der Restvermögenswert ist neu zu beurteilen, wenn der ursprünglich nach der Nutzungsüberlassung als realisierbar angenommene Betrag sich ändert.

Eventuelle Anpassungen der Buchwerte aus einer Neubeurteilung sind vom Leasinggeber sofort erfolgswirksam zu erfassen. Gemäß IAS 39 sind die Leasingforderung sowie der Restvermögenswert zudem auf eine Wertminderung zu prüfen [124]

Die Buchung der Folgebewertung eines Typ A-Vertrages auf Leasinggeberseite erfolgt am Bilanzstichtag folgendermaßen:

Bank   an   Forderung

Forderung   an   Zinsertrag

Restvermögenswert   an   Zinsertrag[125]

3.3.2.2 Bilanzierung von Typ B-Verträgen

Leasingverhältnisse des Typ B werden beim Leasinggeber als Dauerschuldverhältnis abgebildet und führen nicht zum Ansatz eines neuen Bilanzpostens. Der Leasinggegenstand wird nicht ausgebucht, sondern verbleibt als Aktivposten in der Bilanz des Leasinggebers und wird

---

[122] Vgl. Deloitte (URL), S. 10.
[123] Vgl. Pellens, Bernhard; Fülbier, Uwe; Gassen, Joachim; Sellhorn, Thorsten(2014), S. 700.
[124] Vgl. Deloitte (URL), S. 11.
[125] Vgl. Pellens, Bernhard; Fülbier, Uwe; Gassen, Joachim; Sellhorn, Thorsten(2014), S. 700.

demzufolge abgeschrieben. Es muss zudem keine Forderung auf Erhalt der Leasingraten aktiviert werden.[126]

Dagegen werden die Leasingzahlungen als Ertrag linear über die Laufzeit des Leasingverhältnisses verteilt, es sei denn, eine andere Verteilungssystematik spiegelt den tatsächlichen Ertragsverlauf sachgerechter wider.[127]

Demzufolge finden zum Bilanzstichtag auf Leasinggeberseite bei Typ B-Verträgen folgende Buchungen statt:

| Bank | an | Leasingertrag |
| Abschreibung | an | Sachanlage[128] |

3.3.2.3 Ausweis

Der Leasinggeber hat bei einem Typ A-Vertrag die Leasingforderung und den Restvermögenswert separat von seinen anderen Vermögenswerten auszuweisen. Es steht ihm frei, den Ausweis entweder in der Bilanz oder im Anhang vorzunehmen. Dabei ist die gleiche Vorgehensweise wie bei Leasingnehmer anzuwenden.[129] Die Erträge aus der Verzinsung der Leasingforderung und des Restvermögenswertes werden als Zinsertrag im Periodenergebnis erfasst.[130]

Die aus einem Typ B-Vertrag erhaltenen Leasingzahlungen sind als Leasingerträge erfolgswirksam in der GuV zu erfassen. Eine separate Ausweispflicht von Typ B-Verträgen besteht auf Leasinggeberseite nicht.[131]

3.4 Sale-and-Leaseback-Transaktionen

Laut ED/2013/6.110 hängt das Vorhandensein einer Sale-and-Leaseback-Transaktion davon ab, ob durch die Transaktion die Verfügungsgewalt über den zugrundeliegenden Vermögensgegenstand auf den Leasinggeber übertragen wird. Für die Beurteilung des erfolgten Verkaufes gelten zukünftig die Kriterien über die Erfüllung einer Leistungspflicht, aus dem Standard zur Erlöserfassung.

---

[126] Vgl. Pellens, Bernhard; Fülbier, Uwe; Gassen, Joachim; Sellhorn, Thorsten(2014), S. 699.
[127] Vgl. Müller, Stefan; Lang, Tobias (2013a), S. 332.
[128] Vgl. Pellens, Bernhard; Fülbier, Uwe; Gassen, Joachim; Sellhorn, Thorsten(2014), S. 700-701.
[129] Vgl. Deloitte (URL), S. 11.
[130] Vgl. Adolph, Peter; Schmidt, Matthias; Schmidt, Peer (2013), S. 331.
[131] Vgl. Adolph, Peter; Schmidt, Matthias; Schmidt, Peer (2013), S. 332.

Demnach geht das Kontrollrecht über den Vermögensgegenstand an den Leasinggeber über, wenn die Nutzung des Vermögenswertes nicht durch den Leasingnehmer bestimmt wird und dieser nicht den wesentlich verbleibenden Nutzen aus dem Leasingobjekt zieht.

Ein Verkauf ist somit nicht gegeben, wenn die Laufzeit des Leasingverhältnisses einen wesentlichen Teil der wirtschaftlichen Restnutzungsdauer umfasst oder der Barwert der Leasingraten im Wesentlichen dem Fair Value des Vermögenswertes entspricht. Ist dies zutreffend, bleibt das Kontrollrecht über den Vermögensgegenstand im Besitz des Leasingnehmers, der Leasinggeber erlangt keine Verfügungsgewalt über den Vermögensgegenstand, und der Übergang kann nicht als Verkauf angesehen werden.[132]

Wird der in der Transaktion enthaltene Verkauf als solcher identifiziert, erfolgt die Sicherstellung der Marktkonformität. In diesem Sinne hat eine Anpassung beim Leasingnehmer und Leasinggeber stattzufinden, wenn das Entgelt beim Verkauf unter dem Fair Value des Vermögensgegenstandes liegt und die Leasingraten vom marktüblichen Niveau abweichen.

Daher hat der Leasingnehmer bei der Bewertung zu gewährleisten, dass sowohl das Nutzungsrecht als auch der zu erfassende Gewinn oder Verlust aus dem Verkauf auf Basis marktgerechter Leasingzahlungen bestimmt wird.

Der Leasinggeber ist ebenfalls verpflichtet, die Bewertung der Leasingforderungen und des Restvermögenswertes im Falle eines Typ A-Vertrages und die Bewertung des Vermögenswertes im Falle eines Typ B-Vertrages mit Hilfe marktgerechter Leasingraten sicherzustellen.[133]

3.5 Kritikpunkte am ED/2013/6

3.5.1 Positive Aspekte

In der nach ED/2013/6 geplanten Leasingbilanzierung steht die Umsetzung des "Right-of-Use-Ansatzes" im Mittelpunkt. Dies ist besonders bei den Vorschriften zur Bilanzierung beim Leasingnehmer, mit Ausnahme von kurzfristigen Leasingverhältnissen, zu erkennen, bei der unabhängig der Klassifikation des Leasingverhältnisses stets ein Nutzungsrecht zu aktivieren ist. Damit setzen die Boards ihr Hauptziel um, die "Off-Balance-Sheet-Bilanzierung" unzähliger bisher als Operating-Leasingverhältnis klassifizierter Verträge zu vermindern.[134]

---

[132] Vgl. KPMG (URL), S. 65.
[133] Vgl. Müller, Stefan; Lang, Tobias (2013a), S. 332.
[134] Vgl. Kirsch, Hanno (2013 a), S. 497.

Ein weiteres Ziel des IASB und FASB war es, den neuen Standardentwurf zur Bilanzierung von Leasingverhältnissen, im Gegensatz zum ersten Entwurf, weniger komplex zu gestalten. Dies ist ihnen in Bezug auf die Behandlung von Optionen und bedingten Leasingraten gelungen.[135]

3.5.2 Negative Aspekte

Nach den Vorgaben der Leasingbilanzierung nach ED/2013/6 haben Leasingnehmer und Leasinggeber jedoch weiterhin zahlreiche abschlusspolitische Gestaltungsmöglichkeiten. Besonders kritisiert wird dabei unter anderem:

- die unzureichende Trennschärfe bei der Abgrenzung des Vorliegens eines Leasingverhältnisses,

- die Aufspaltung der Leasingverhältnisse in mehrere Komponenten, die separat eingestuft werden,

- die Einschätzung darüber, ob ein bedeutender wirtschaftlicher Anreiz zur Ausübung einer Kaufoption des Leasingnehmers besteht,

- das Vorliegen eines anderen Leasingtyps in Folge der geringfügigen Verlängerung des Leasingzeitraumes sowie

- die Möglichkeit zur Neubewertung beziehungsweise Fair Value-Bewertung des Vermögensgegenstandes.[136]

Der ED/2013/6 ist nur für Verträge anzuwenden, bei denen ein Leasingverhältnis im Sinne der Definition des Standardentwurfes vorliegt. Das erste Kriterium hierfür ist bereits nicht erfüllt, wenn nur ein Anteil an der Kapazität eines Vermögenswertes geleast wird und nicht ein abgrenzbarer identifizierbarer Vermögenswert. Beispielsweise besteht kein Leasingvertrag, wenn das Unternehmen einen Anteil an der Kapazität einer Pipeline, bestehend aus mehreren Kabeln, least. Besteht jedoch ein Vertrag über die Nutzung der Kabel 1-3, liegt wiederum ein Leasingverhältnis vor.

Das zweite Kriterium für das Vorliegen eines Leasingvertrages ist zum Beispiel bereits dann nicht erfüllt, wenn das Unternehmen den Profit aus einer Anlage vereinnahmt, jedoch kein Recht zur Nutzenkontrolle über die Anlage hat.[137] Wird ein solcher Vertrag nicht als Leasingverhältnis identifiziert, stellt er in den meisten Fällen einen Dienstleistungsvertrag dar, was

---

[135] Vgl. Adolph, Peter; Schmidt, Matthias; Schmidt, Peer (2013), S. 466.
[136] Vgl. Kirsch, Hanno (2013 a), S. 497.
[137] Vgl. Nardmann, Hendrik; Heller, Sylvia (2013), S. 402.

wiederum zu einer außerbilanziellen Behandlung des Vertrages führt. Daraus entsteht bereits bei der Beurteilung darüber, ob überhaupt ein Leasingvertrag vorliegt, die Motivation zur Nutzung der zahlreiche Ermessensspielräume und Möglichkeiten zur Vertragsgestaltung. In vielen Fällen sorgt jedoch schon die korrekte Anwendung der neuen Kriterien zur Bestimmung eines Leasingverhältnisses dafür, dass zahlreiche Verträge, die derzeitig nach IAS 17 als Leasingverhältnis einzustufen sind, nun als Dienstleistungsvertrag behandelt werden.[138]

Kritisiert wird zudem, dass sich durch die Klassifizierung der Leasingverträge in kurz- und langfristige Verträge neue Gestaltungsspielräume ergeben und durch dieses Vorgehen die wirtschaftliche Substanz eines Sachverhaltes nicht angemessen dargestellt wird.[139]

So kann eine "On-Balance-Sheet-Bilanzierung" beispielsweise umgangen werden, indem nur Verträge mit einer maximalen Laufzeit von 12 Monaten eingegangen werden.[140] Eine Alternative hierzu besteht in dem Abschluss eines unbefristeten Vertrages mit einer Kündigungsoption für beide Vertragsparteien nach spätestens 12 Monaten. Diese Vertragsgestaltung impliziert, dass für keine der Parteien ein durchgehendes Recht zur Nutzenkontrolle des Vermögenswertes vorliegt, da die Möglichkeit zur Kündigung des Vertrages besteht.[141]

Wie bereits in IAS 17 werden auch im ED/2013/6 eine Vielzahl unbestimmter Rechtsbegriffe verwendet. Einige davon finden sich bei den Vorschriften zur Klassifizierung von Leasingverhältnissen wieder. Dabei sind die Begriffe "überwiegend", "unwesentlich" sowie "im Wesentlichen", nicht genau definiert.[142] Dies kann zu einer unterschiedlichen Behandlung gleicher Sachverhalte führen. Obwohl der IASB vermeiden möchte, dass durch das Festlegen konkreter Grenzen Verträge gezielt gestaltet werden[143], lassen sich aus den im ED verwendeten erläuternden Beispielen Richtwerte erahnen.[144] Nach derzeitigem Diskussionsstand wird "unwesentlich" als kleiner 10 %, "überwiegend" als über 50 % und "im Wesentlichen" als über 90% interpretiert.[145]

Ist eine bilanzielle Erfassung unumgänglich, kann auch die Höhe der zu bilanzierenden Vermögenswerte und Schulden beeinflusst werden. Zum einen ist eine Reduktion der Laufzeit des Leasingverhältnisses denkbar, in dem eine möglichst kurze Grundmietzeit vereinbart und

[138] Vgl. Thil, Tami-Dinh; Fink, Christian; Schultze, Wolfgang (2013), S.372.
[139] Vgl. Thil, Tami-Dinh; Fink, Christian; Schultze, Wolfgang (2013), S. 374.
[140] Vgl. KPMG (URL), S. 14.
[141] Vgl. Nardmann, Hendrik; Heller, Sylvia (2013), S. 403.
[142] Vgl. KPMG (URL), S. 21,22.
[143] Vgl. Nardmann, Hendrik; Heller, Sylvia (2013), S. 402.
[144] Vgl. KPMG (URL), S. 22.
[145] Vgl. Schosser, Kerstin; Fink, Christian (2014), S. 96.

auf eine Verlängerungsoption verzichtet wird. Zum anderen kann die Verlängerungsoption so gestaltet werden, dass für den Leasingnehmer kein bedeutender wirtschaftlicher Anreiz zu deren Ausübung besteht.

In die Berechnung der Leasingraten werden weder nutzungsabhängige noch performanceabhängige Leasingraten einbezogen. Stattdessen sind diese bei Anfall direkt ergebniswirksam.[146] Da der Barwert der Leasingzahlungen jedoch den Bilanzansatz bestimmt, kann bei entsprechender Vereinbarung zur Entrichtung ausschließlich oder vorwiegend dieser Art von Leasingraten, der Ansatz des Nutzungsrechts und der Verbindlichkeit minimiert oder ganz und gar verhindert werden.

Ratsam sind derartige Vertragsgestaltungen für den Leasingnehmer allerdings nicht, wenn wirtschaftliche und risikobehaftete Aspekte dagegen sprechen.[147]

Einer der Hauptkritikpunkte am ED/2013/6 aus konzeptioneller Sicht sind die progressiven Abschreibungen. Hierbei ist die Höhe der Abschreibung zinsabhängig und verläuft nicht planmäßig, worauf die derzeitige Anlagebuchhaltung standardmäßig nicht ausgelegt ist. Weiterhin führt diese zu Verwerfungen bei der Jahresabschlussanalyse und hat Auswirkungen auf steuerungsrelevante Kennzahlen.[148]

Der neue Standardentwurf schreibt eine regelmäßige Neubewertung der Leasingvermögenswerte und -Verbindlichkeiten vor. Diese Anpassungen können zu beachtlichen Schwankungen in der Bilanz und eventuell auch der GuV führen.[149] Derartige Änderungen sind für Unternehmen vor allem deshalb ungünstig, weil sie weder beeinflussbar noch vorhersehbar sind und am Beispiel der variablen Leasingzahlungen auf Grundlage eines Index oder Zinssatzes beruhen. Dies kann ebenso zu unkalkulierbaren Veränderungen der Finanzkennzahlen führen.[150]

Problematisch ist zudem, dass der Leasingaufwand bei Typ B-Verträgen insgesamt im operativen Ergebnis ausgewiesen wird. Die Abschreibung des Nutzungsrechts ist somit nicht mehr in der GuV identifizierbar, was zu Problemen bei der indirekten Ermittlung der Kapitalflussrechnung sowie bei der Anfertigung des Anlagespiegels führt. Daher wird es notwendig sein, in Zukunft weitere (Hilfs-)Konten für Abstimmungszwecke zu erstellen.[151]

---

[146] Vgl. Gruber, Thomas (2013), S. 2230.
[147] Vgl. Nardmann, Hendrik; Heller, Sylvia (2013), S. 402,403.
[148] Vgl. Schosser, Kerstin; Fink, Christian (2014), S. 96.
[149] Vgl. BDL (URL 4), S. 4.
[150] Vgl. Nardmann, Hendrik; Heller, Sylvia (2013), S. 403.
[151] Vgl. Schosser, Kerstin; Fink, Christian (2014), S. 96-97.

4 Auswirkungen der Reformierung

4.1 Konsequenzen der Reform für Leasingnehmer

Die offensichtlichste Konsequenz, die der ED/2013/6 mit sich bringen wird, ist die Bilanzverlängerung beim Leasingnehmer, da gemäß dem neuen Standardentwurf nahezu alle Leasingverhältnisse in der Bilanz zu erfassen sind. Grund hierfür ist, dass die bisherigen Operating-Leasingverhältnisse nun ebenfalls zu bilanzieren sind und deren aktivierte Nutzungsrechte und passivierte Leasingverbindlichkeiten die Bilanzsumme erhöhen. Dies hat eine Veränderung der Relationen und Kennzahlen zur Folge.

Da die Leasingverbindlichkeiten Fremdkapital darstellen, verschlechtert sich die Eigenkapitalquote der Leasingnehmer. Zudem handelt es sich bei dieser Art von Schuld um eine Finanzverbindlichkeit, deren Anteil an den Gesamtschulden diese erhöhen.[152]

Je nach der Klassifizierung eines Leasingverhältnisses in einen Typ A- oder Typ B-Vertrag, entstehen Auswirkungen auf die GuV und die Kapitalflussrechnung, die zudem die damit verbundenen Kennzahlen beeinflussen werden.[153]

Wird ein bisher als Operating-Leasing angesehener Vertrag nun als Typ B-Leasingverhältnis klassifiziert, so ergeben sich gegenüber der Bilanzierung nach IAS 17 in Bezug auf die Erfolgs- und Kapitalflussrechnung keine Veränderungen. Die Auswirkungen auf die Kennzahlen ergeben sich lediglich durch die "On-Balance-Sheet-Erfassung" des Leasingverhältnisses.

Wird ein Operating-Leasingverhältnis jedoch nun gemäß dem neuen Standardentwurf als Typ A-Leasingverhältnis eingestuft, so hat dies, neben den Auswirkungen auf die Bilanz, eine Veränderung der Ergebnis- und Kapitalflussrechnung zur Folge.[154] In der nachfolgenden Abbildung werden diese Veränderungen zusammengefasst dargestellt.

---

[152] Vgl. Thil, Tami-Dinh; Fink, Christian; Schultze, Wolfgang (2013), S. 372.
[153] Vgl. Schosser, Kerstin; Fink, Christian (2014), S. 98.
[154] Vgl. Nardmann, Hendrik; Heller, Sylvia (2013), S. 397, 398.

Bilanz	Ergebnis-/ Kapitalflussrechnung	
Typ A und Typ B	Typ A	Typ B
Bilanzsumme ↑ Fremdkapital ↑ Finanzschulden ↑ Eigenkapitalquote ↓	EBIT ↑ EBITDA ↑ Finanzergebnis ↓ Operativer Cashflow ↑ Finanzierungs-Cashflow ↓	Keine Veränderungen

Abbildung 5: Auswirkung der "On-Balance-Sheet-Erfassung" bisheriger Operating-Leasingverhältnisse für den Leasingnehmer
Quelle: Eigene Darstellung. Daten aus Nardmann, Hendrik; Heller, Sylvia (2013), S. 398.

Externe Adressaten wie Analysten, Rating-Agenturen und Banken müssen über die Gründe und Auswirkungen der veränderten Finanzdaten aufgrund der neuen Vorschriften des ED/2013/6 aufgeklärt werden.[155] Den Kapitalmarkteilnehmern muss verständlich gemacht werden, warum die Eigenkapitalquote des Unternehmens plötzlich gravierend sinkt und gleichzeitig dessen EBIT (Earnings Before Interest and Taxes) eventuell enorm ansteigt.[156]

Insbesondere sind bestehende Kreditverträge und deren Klauseln zu analysieren, die unter Umständen durch den Wegfall der "Off-Balance-Sheet-Bilanzierung" nicht mehr eingehalten werden können. Sollte dies der Fall sein, muss gemeinsam mit den Kreditinstituten eine Lösung für die entstandene Verletzung der Kreditauflagen gefunden werden.

Häufig treten auch Banken und andere Finanzdienstleister als Leasingnehmer auf. Die Neuregelung der Leasingbilanzierung ist für diese insofern problematisch, als dass der Anstieg der risikobehafteten Vermögenswerte eine Erhöhung des aufsichtsrechtlichen Eigenkapitals erfordert, woraus sich Auswirkungen auf das maximale Kreditvergabevolumen ergeben.[157]

Ebenso wichtig wie die Aufklärung unternehmensexterner Adressaten, ist es, die Auswirkungen des Standardentwurfes unternehmensintern zu erläutern und Vorbereitungen beziehungsweise Maßnahmen diesbezüglich zu treffen. Das Projekt zur Einführung und Anwendung des

---

[155] Vgl. Nardmann, Hendrik; Heller, Sylvia (2013), S. 399.
[156] Vgl. Schosser, Kerstin; Fink, Christian (2014), S. 98.
[157] Vgl. Nardmann, Hendrik; Heller, Sylvia (2013), S. 399.

neuen Entwurfes zur Leasingbilanzierung wird mehrere Abteilungen betreffen.[158] Durch die IT-Abteilung sollte eine eventuell notwendige ERP-Systemanpassung erfolgen, welche die Inventarisierung, Klassifizierung und Bewertung von Leasingverträgen unterstützt.[159] Zudem muss die Steuerabteilung mit den Auswirkungen der Neuregelungen vertraut gemacht werden, da durch die Aktivierung des Nutzungsrechts und die Passivierung einer Leasingverbindlichkeit, zukünftig auch für bisher als Operating-Leasing klassifizierte Verträge latente Steuern anfallen werden. Verwendet das Controlling IFRS-Daten, muss auch diese Abteilung informiert werden und sich auf die Umstellung vorbereiten. Die Treasury-Abteilung sollte die Auswirkungen der Veränderung mit den Rating-Agenturen besprechen und gegebenenfalls bestehende Kreditverträge überprüfen. Diesbezüglich ist auch die Rechtsabteilung zu informieren, falls diese unterstützend agiert. Unternehmensinterne Prozesse sind derart anzupassen, dass alle Leasingvereinbarungen mit ihren gesamten bilanzierungsrelevanten Daten restlos erfasst werden. Richtlinien, die vorgeben, in welchen Fällen und in welchem Umfang zukünftig Leasingverträge geschlossen werden, sind für das Eingehen zukünftiger Leasingvereinbarungen entscheidungsnützlich. Sollte die variable Vergütung der Mitarbeiter direkt oder indirekt von der Höhe des EBIT oder des EBITDA (Earnings Before Interests, Taxes, Depreciation and Amortisation) abhängen, so ist ebenfalls die Unterrichtung von Human Resources notwendig.[160]

Damit die Unternehmen optimal auf die Umstellung der Vorschriften des IAS 17 auf die des ED/2013/6 vorbereitet sind, ist es notwendig, jeden der bisher abgeschlossenen Leasingverträge zu prüfen und dabei alle für die zukünftigen Bilanzierungsvorgaben notwendigen Daten zu ermitteln und aufzubereiten. Der Aufwand diesbezüglich ist abhängig davon, in welchem Umfang die für die Verarbeitung notwendigen Daten bereits vorliegen und wie viele bereits abgeschlossene Operating-Leasingverhältnisse bestehen.[161] Dem IASB ist dabei bewusst, dass den Leasingnehmern durch die Implementierung des neuen Standardentwurfes Kosten für Mitarbeiterschulungen, interne Prozessanpassungen und technische Details entstehen werden. Zudem sind IT-Systemanpassungen oder -Änderungen zeitaufwändig, da diese bis zu ihrer Lauffähigkeit sorgfältig getestet werden müssen. Festzustellen ist daher, dass die Einführung der Regelungen des ED/2013/6 für viele Leasingnehmer eine sehr zeit- und personalintensive Herausforderung darstellt, die zusätzlich zur Tagesarbeit bewältigt werden muss.[162]

---

[158] Vgl. BDL (URL 4), S. 6.
[159] Vgl. Schosser, Kerstin; Fink, Christian (2014), S. 97.
[160] Vgl. Nardmann, Hendrik; Heller, Sylvia (2013), S. 398.
[161] Vgl. Nemet, Marijan (2013), S. 245.
[162] Vgl. BDL (URL 4), S. 6.

4.2 Konsequenzen der Reform für Leasinggeber

In Abhängigkeit von der Klassifizierung der Leasingverhältnisse können sich auch beim Leasinggeber Änderungen der Bilanz sowie der Ergebnis- und Kapitalflussrechnung ergeben. Dies ist vor allem der Fall, wenn bisherige Operating-Leasingverhältnisse nach den Vorschlägen des ED/2013/6 nun als Typ A-Vertrag einzuordnen sind. Durch die Aktivierung der Leasingforderung erhöht sich der Anteil der finanziellen Vermögenswerte an der Gesamtbilanzsumme. In der Gesamtergebnisrechnung treten in diesem Fall ebenfalls wesentliche Veränderungen auf, da lediglich der Ertrag aus der aufgezinsten Leasingforderung und des Restvermögenswertes sowie eventuelle außerplanmäßige Abschreibungen dieser Posten ergebniswirksam sind. Der restliche Teil der Leasingforderung dient ausschließlich deren Tilgung. Zudem entfallen die Abschreibungen auf den verleasten Vermögensgegenstand nach dessen Ausbuchung.

Ein positiver Effekt ergibt sich, wenn der Fair Value des Vermögensgegenstandes zu Beginn des Leasingverhältnisses größer ist als dessen Buchwert. Der dem verleasten Teil des Vermögenswertes zuzuordnende Gewinn wird den Erlösen zugerechnet. Der auf den Restvermögenswert entfallende Gewinn ist dagegen abzugrenzen.[163] Die folgende Abbildung vergleicht die Bilanzierung von Operating-Leasingverhältnissen nach IAS 17 mit der Bilanzierung nach ED/2013/6 in Bezug auf dessen Auswirkungen in der Bilanz und der Ergebnisrechnung des Leasinggebers.

	Operating-Leasing gemäß IAS 17	ED/2013/6	
		Typ A	Typ B
Bilanz	• verleaster Vermögenswert verbleit in Bilanz	• Ansatz einer Leasingforderung • Ansatz eines Restvermögenswertes	• Verleaster Vermögenswert verbleit in Bilanz
Ergebnisrechnung	• Leasingertrag • Abschreibung auf Vermögenswert • außerplanmäßige Abschreibung auf Vermögenswert	• Zinsertrag auf Leasingforderung • Wertminderung bzw. außerplanmäßige Abschreibung • Umsatzerlöse i.H.d. Leasingforderung • Umsatzkosten i.H.d. Buchwertes des Vermögenswertes	• Leasingertrag • Abschreibung auf Vermögenswert • außerplanmäßige Abschreibung auf Vermögenswert

Tabelle 4: Bilanzierung bisheriger Operating-Leasingverhältnisse im Vergleich zur Bilanzierung gemäß ED/2013/6 beim Leasinggeber
Quelle: Eigene Darstellung. Daten aus Nardmann, Hendrik; Heller, Sylvia (2013), S. 399.

---

[163] Vgl. Nardmann, Hendrik; Heller, Sylvia (2013), S. 398,399.

Auch die Leasinggeber sind gezwungen, sich auf die die Auswirkungen, die der neue Standardentwurf mit sich bringt, vorzubereiten. Dafür ist neben anderen Abteilungen vor allem der Vertrieb gefordert. Mitarbeiter aus dieser Abteilung müssen auf die Konsequenzen der Vertragsgestaltung aufmerksam gemacht werden und zur Unterstützung eng mit dem Rechnungswesen zusammenarbeiten. Dies soll verhindern, dass unerwünschte bilanzielle und erfolgswirksame Folgen auftreten und zugleich die Vollständigkeit der bestehenden Leasingverträge im Jahresabschluss ermöglicht wird. Zudem sollten auch Leasinggeber ihre Verwaltungssysteme, vor allem in Bezug auf die Behandlung von Typ A-Verträgen, durch ihre IT-Abteilung anpassen lassen.

Wird der neue Standardentwurf umgesetzt, kann eine weitere Herausforderung darin bestehen, die Leasingverträge auf die Bedürfnisse der Leasingnehmer so abzustimmen, dass diese eine "On-Balance-Sheet-Bilanzierung" vermeiden oder die Bilanzierung so optimal wie möglich vornehmen können. Eine solche Vertragsgestaltung bedeutet für die Leasinggeber weniger Planungssicherheit und erhöhte Risiken bezüglich der Restwerte der Vermögensgegenstände, wodurch diese eine entsprechend höhere Vergütung verlangen werden.[164]

---

[164] Vgl. Nardmann, Hendrik; Heller, Sylvia (2013), S. 398.

5 Fazit und Ausblick

Der am 16.05.2013 veröffentlichte zweite Standardentwurf zur Leasingbilanzierung nach IFRS hatte wie sein Vorgänger zum Ziel, ein neues Konzept für die langjährig diskutierten Regelungen des IAS 17 zu präsentieren.[165]

Eine der grundlegendsten Änderungen stellt hierbei der Wechsel vom "All-or-Nothing–Approach" zum "Right-of-Use-Ansatz" dar.[166]

So wird durch die Neuregelung angestrebt, zukünftig alle Leasingverhältnisse, ausgenommen kurzfristige Leasingvereinbarungen, in der Bilanz der Leasingnehmer und beim Vorliegen von Typ A-Verträgen auch in der Bilanz der Leasinggeber ersichtlich zu machen, um eine Verbesserung der Vergleichbarkeit von Jahresabschlüssen zu erreichen.[167]

Der ED/2013/6 besitzt durchaus das Potential, das Hauptanliegen des IASB, das in der Reduktion der "Off-Balance-Sheet-Erfassung" unzähliger bislang als Operating-Leasing klassifizierter Verträge besteht, zu verwirklichen. Dies hat zum Ergebnis, dass Finanzanalysten zukünftig weitestgehend auf aufwändige Anpassungsmaßnahmen mittels Anhangangaben verzichten können.

Jedoch zeugen die über 600 eingegangen Stellungnahmen zu diesem Entwurf, welche überwiegend negativ zu interpretieren sind, davon, dass der neue Standardentwurf zur Leasingbilanzierung nur eine geringfügige Eindämmung der Kritik an den bisherigen Reformbestrebungen bewirken konnte.[168]

Die geplanten Neuregelungen des ED/2013/6 werden in vielerlei Hinsicht folgenreich für alle Betroffenen sein.[169] So wird sich aufgrund des anzuwendenden Nutzungsrechtsansatzes die Bilanzstruktur ändern, was wiederum eine Modifikation entscheidungsrelevanter Finanzkennzahlen zur Folge hat. Beispielsweise ist mit einer Verringerung der Eigenkapitalquote, aufgrund der zunehmenden Verbindlichkeiten, zu rechnen.[170]

---

[165] Vgl. Meyer, M. (2014), S. 2.
[166] Vgl. Küting, Karlheinz; Hell, Christoph; Tesche, Thomas (2013), S. 402.
[167] Vgl. Fischer, Daniel T. (2013), S. 196.
[168] Vgl. Thil, Tami-Dinh; Fink, Christian; Schultze, Wolfgang (2013), S. 375.
[169] Vgl. Nardmann, Hendrik; Heller, Sylvia (2013), S. 403.
[170] Vgl. Deloitte (URL), S. 13.

Auch die Notwendigkeit zur internen und externen Kommunikation sowie der Anpassungs-prozess und die spätere Umsetzung des geplanten Standardentwurfes stellen die Unternehmen vor eine große Herausforderung.[171]

Durch den ED/2013/6 erfolgt die Leasingbilanzierung zwar in stärkerem Zusammenhang mit der Definition der Vermögenswerte, wodurch die Neuregelung in konzeptioneller Hinsicht Stärken besitzt[172], jedoch ist die Anwendung des neuen Standardentwurfs erneut, trotz grundlegender Änderungen gegenüber der bisherigen Leasingbilanzierung, mit einer Vielzahl von Ermessensspielräumen und Regelungslücken verbunden.[173] Diese existieren unter ande-rem bei der Bewertung über das Vorliegen eines Leasingverhältnisses, der Klassifizierung der Leasingverhältnisse, der Separierung der einzelnen Leasingkomponenten sowie bei der Bewertung des wirtschaftlichen Anreizes im Zusammenhang mit Leasinglaufzeiten und der Bewertung von Leasingforderungen und -Verbindlichkeiten.

Zudem wird das ursprünglich angedachte Ziel des IASB, ein einheitliches Bilanzierungsmo-dell für alle Leasingverträge zu schaffen, erneut verfehlt.[174]

Unternehmen, deren bisherige Hauptmotivation zum Leasing die "Off-Balance-Sheet-Darstellung" war, werden sich in Zukunft möglicherweise von dieser Form der Finanzierung abwenden und eventuell sogar bereits bestehende Leasingverträge ablösen, da die neuen Regelungen auch rückwirkend anzuwenden sind. Dies wird vor allem dann der Fall sein, wenn die Auswirkungen der "On-Balance-Sheet-Erfassung" für die Unternehmen dafür sorgen, dass die Vorteile des Leasings gegenüber anderen Finanzierungsformen nicht mehr überwiegen. Drastische Auswirkungen wird dies auch auf das Geschäftsvolumen der Lea-singgeber haben.[175]

In ihrer März-Sitzung im Jahr 2014 setzten sich der IASB und FASB mit Themenbereichen wie der Vereinfachung der Leasingnehmer- und Leasinggeber-Bilanzierung auseinander. Aufgrund der zahlreichen Kritikpunkte ist jedoch nicht auszuschließen, dass der Standard abermals adjustiert oder dessen Umsetzung gar ausgesetzt wird.[176]

---

[171] Vgl. Nardmann, Hendrik; Heller, Sylvia (2013), S. 403.
[172] Vgl. Kirsch, Hanno (2013 a), S. 497.
[173] Vgl. Nardmann, Hendrik; Heller, Sylvia (2013), S. 403.
[174] Vgl. Thil, Tami-Dinh; Fink, Christian; Schultze, Wolfgang (2013), S. 375.
[175] Vgl. Nardmann, Hendrik; Heller, Sylvia (2013), S. 403.
[176] Vgl. Schosser, Kerstin; Fink, Christian (2014), S. 98.

Anhang

Anhang 1: Finanzierungsleasing aus Leasingnehmer- und Leasinggebersicht[177]

Am 01.01.2014 wird ein Leasingvertrag über eine Maschine geschlossen. Die Laufzeit des Vertrages beträgt ebenso wie die wirtschaftliche Nutzungsdauer drei Jahre, und es sind jährliche Leasingzahlungen von 12.000 € vereinbart. Der Fair Value der Maschine ist niedriger als der Barwert der Mindestleasingzahlungen und beträgt zu diesem Zeitpunkt 30.000€.

<u>Lösung Leasingnehmer</u>

a)   <u>Erstansatz- und Bewertung</u>

Da der Barwert der Mindestleasingzahlungen höher ist als der Fair Value der Maschine, setzt der Leasingnehmer den Leasinggegenstand und eine Leasingverbindlichkeit in Höhe des beizulegendem Zeitwertes des Vermögensgegenstandes an.

Die Buchung zu Beginn des Leasingverhältnisses lautet demnach wie folgt:

Vermögenswert   30.000 €   an   Leasingverbindlichkeit   30.000 €

b)   <u>Folgebewertung</u>

Mittels der Effektivzinsmethode werden die Leasingzahlungen in einen Zins- und Tilgungsanteil zerlegt. Der dafür benötigte interne Zinsfuß der Leasingvereinbarung beträgt 9,7 % und berechnet sich folgendermaßen:

$$interner\ Zinsfu\beta: \ -a_0 + \sum_{t=1}^{n} c_t\,(1+r)^{-t} = 0$$

$$a_0 = Fair\ Value$$
$$c_t = Folgezahlungen$$
$$n = Anzahl\ Perioden$$

---

[177] Beispiel angelehnt an Pellens, Bernhard; Fülbier, Uwe; Gassen, Joachim; Sellhorn, Thorsten (2014),   S. 669, 670, 674, 675, 677.

$$interner\ Zinsfu\text{ß:} -\ 30.000 + (12.000 \times (1 + r)^{-1} + 12.000 \times (1 + r)^{-2}$$

$$+\ 12.000 \times (1 + r)^{-3}) = 0$$

$$interner\ Zinsfu\text{ß} = \mathbf{9,7}\ \%$$

Jahr	Verbindlichkeit	Leasingraten	Zinsanteil	Tilgungsanteil
1	30.000 €	12.000 €	2.910 € (30.000 x 0,097)	9.090 €
2	20.910 €	12.000 €	2.029 € (20.910 x 0,097)	9.971 €
3	10.939 €	12.000 €	1.061 € (10.939 x 0,097)	10.939 €
Σ		36.000 €	**6.000 €**	30.000 €

Tabelle 5 Entwicklung von Finanzierungsleasingverhältnissen aus Leasingnehmer- und Leasinggebersicht
Quelle: Eigene Darstellung. Daten aus Pellens, Bernhard; Fülbier, Uwe; Gassen, Joachim; Sell- horn, Thorsten (2014), S.696.

Der Tilgungsanteil der Leasingzahlungen reduziert die Leasingverbindlichkeit. Der Zinsanteil sowie die lineare Abschreibung des Vermögenswertes werden GuV-wirksam erfasst. Der Leasingnehmer tätigt somit am 31.12.2014 folgende Buchungen:

Abschreibung		an	Vermögenswert	10.000 €

Zinsaufwand	2.910 €			
Leasingverbindlichkeit	9.090 €	an	Bank	12.000 €

Lösung Leasinggeber:

a)   Erstansatz-und Bewertung

Der Leasinggegenstand wird auf Seiten des Leasinggebers aus dessen Bilanz ausgebucht und stattdessen eine Leasingforderung in Höhe des Nettoinvestitionswertes aktiviert. Der Nettoinvestitionswert entspricht dem Fair Value der Maschine. Daher findet am 01.01.2014 folgende Buchung statt:

Leasingforderung		an	Vermögenswert	30.000 €

b)   Folgebewertung

Auch der Leasingeber zerlegt die Leasingzahlungen mittels der Effektivzinsmethode und dem internen Zinssatz in einen Zins- und Tilgungsanteil. Der Zinsanteil wird dabei als Finanzertrag GuV-wirksam erfasst, wobei der Tilgungsanteil als Kapitalrückzahlung zur Rückführung der Leasingforderung dient. Demnach verbucht der Leasinggeber das Leasingverhältnis am 31.12.2014 wie folgt:

Bank	12.000 €	an	Leasingforderung	9.090 €
			Finanzertrag	2.910 €

Anhang 2: Operating-Leasing aus Leasingnehmer- und Leasinggebersicht[178]

Zum 01.01.2014 wird ein Leasingvertrag über ein Kraftfahrzeug mit einer Grundmietzeit von vier Jahren und monatlichen Leasingraten von 750 € geschlossen. Die wirtschaftliche Nutzungsdauer des Fahrzeuges beträgt sechs Jahre, und dessen Fair Value beläuft sich auf 38.000 €. Die ersten vier Monate wurden mietfrei vereinbart. Es besteht keine Kaufoption des Fahrzeuges am Ende des Leasingverhältnisses.

Lösung

Da weder ein Vollamortisationsvertrag noch eine günstige Kaufoption vorliegt und die Dauer des Leasingverhältnisses nicht den überwiegenden Teil der Nutzungsdauer in Anspruch nimmt, ist die Leasingvereinbarung als Operating-Leasing zu klassifizieren.

Die Summe der Leasingzahlungen ist gleichmäßig über die Vertragslaufzeit zu verteilen und beträgt:

$$Summe\ der\ Leasingzahlungen = 750\ € \times (48\ M - 4\ M) = 33.000\ €$$

$$Aufwand/Ertrag = \frac{33.000\ €}{4\ J} = 8.250\ €$$

Dementsprechend ist in jedem Jahr beim Leasingnehmer ein Aufwand und beim Leasinggeber ein Ertrag in Höhe von 8.250 € zu erfassen.

Der Leasingnehmer bildet zudem den Passivposten abgegrenzte Verbindlichkeiten, welcher die Leasingraten aus den mietfreien Monaten enthält. Diese werden als Bestandteil des

---

[178] Beispiel angelehnt an Kirsch, H. (2013), S. 65.

Aufwands über die Vertragslaufzeit verteilt, sodass sich der Posten abgegrenzte Verbindlichkeiten am Ende der Vertragslaufzeit aufgelöst hat.

Die Buchungssätze für den Leasingnehmer lauten am 31.12.2014 wie folgt:

Leasingaufwand	8 250 €	an	Bank	6.000 €
			abgegrenzte Verbindlichkeiten	2.250 €

In den Folgejahren lauten die Buchungssätze des Leasingnehmers:

Leasingaufwand	8.250 €	an	Bank	9.000 €
abgegrenzte Verbindlichkeiten	750 €			

Der Leasinggeber bildet entsprechend den Posten abgegrenzte Forderungen, so dass sich folgende Buchungen zum 31.12.2014 ergeben:

Bank	6.000 €	an	Leasingertrag	8.250 €
abgegrenzte Forderung	2.250 €			

Die Buchungen des Leasinggebers gestalten sich in den Folgejahre wie folgt:

Bank	9.000 €	an	Leasingertrag	8.250 €
			abgegrenzte Forderungen	750 €

Anhang 3: Bilanzielle Behandlung von Sale-and-Leaseback-Transaktionen gemäß IAS 17 am Beispiel eines Finanzierungsleasingverhältnisses[179]

Ein Unternehmen verkauft am 01.01.2014 eine Produktionsanlage an einen Leasinggeber für einen Verkaufspreis von 120.000 €, welcher dem Fair Value entspricht. Der Buchwert der Anlage beläuft sich auf 100.000 €. Der Unternehmer nimmt daraufhin die Stellung eines Leasingnehmers ein und least den Vermögensgegenstand für 15 Jahre zurück, was zugleich der wirtschaftlichen Restnutzungsdauer der Anlage entspricht. Die vereinbarten Leasingraten

---

[179] Beispiel angelehnt an Pellens, Bernhard; Fülbier, Uwe; Gassen, Joachim; Sellhorn, Thorsten (2014), S.686-687.

betragen 14.000 €. Der interne Zinssatz des Leasinggebers beträgt 8% und ist dem Leasing-nehmer bekannt. Die Produktionsanlage hat am Ende der Vertragslaufzeit keinen Wert mehr.

Lösung Leasingnehmer

Das in der Sale-and-Leaseback-Transaktion enthaltene Leasingverhältnis ist als Finanzie-rungsleasing zu klassifizieren, da die Laufzeit der Leasingvereinbarung der Restnutzungsdau-er der Anlage entspricht.

a)   Erstansatz- und Bewertung

Bei dem veräußerndem Unternehmen wird zunächst der Verkauf der Anlage erfasst, wobei der Verkaufsgewinn in Höhe von 20.000 € vorerst nicht realisiert, sondern abgegrenzt wird.

$$Verkaufsgewinn = Fair\,Value - Buchwert$$

$$Verkaufsgewinn = 120.000\,€ - 100.000\,€$$

$$Verkaufsgewinn = 20.000\,€$$

Im zweiten Schritt bucht der Leasingnehmer gemäß der Vorgaben des IAS 17.20 zur Behand-lung von Finanzierungsleasingverhältnissen eine Verbindlichkeit in Höhe von 120.000 € ein und aktiviert die Produktionsanlage in gleicher Höhe.

Die Buchung zum 01.01.2014 lautet dementsprechend:

Bank	120.000 €	an	Produktionsanlage	100.000 €
			abgegrenzter Gewinn	20.000 €
Produktionsanlage		an	Leasingverbindlichkeit	120.000 €

b)   Folgebewertung

In der Folge schreibt der Leasingnehmer die Produktionsanlage über die erwartete Restlauf-zeit linear ab.

$$Abschreibung = \frac{Buchwert}{Vertragslaufzeit}$$

$$Abschreibung = \frac{120.000\ \text{€}}{15\ J} = \mathbf{8.000\ \text{€}/J}$$

Zudem wird der abgegrenzte Gewinn aufgelöst, wodurch der Abschreibungsaufwand entlastet wird.

$$abgegrenzter\ Gewinn\ pro\ Jahr = \frac{abgegrenzter\ Gewinn\ gesamt}{Vertragslaufzeit}$$

$$abgegrenzter\ Gewinn\ pro\ Jahr = \frac{20.000\ \text{€}}{15\ J} = \mathbf{1.333\ \text{€}/J}$$

Die Höhe der jährlichen Abschreibung beträgt somit 6.667 €, was der Höhe der ursprünglichen Abschreibungen der Anlage beim Leasingnehmer vor der Transaktion entspricht. Mittels der Effektivzinsmethode werden die Leasingzahlungen in einen Zinsaufwand und einen Tilgungsanteil zerlegt.

Jahr	Verbindlichkeiten	Zinsaufwand	Tilgung	Leasingraten
1	120.000 €	9.600 €	4.400 €	14.000 €
2	110.400 €	8.832 €	5.168 €	14.000 €

Tabelle 6 Entwicklung von Finanzierungsleasingverhältnissen am Beispiel einer Sale-and-Lease-back-Transaktion
Quelle: Eigene Darstellung. Daten aus Pellens, Bernhard; Fülbier, Uwe; Gassen, Joachim; Sellhorn, Thorsten (2014), S.696.

Die Buchungen des Leasingnehmers zum 31.12.2014 lauten dementsprechend:

Abschreibung   6.667 €

Abgegrenzter Gewinn   1.333 €   an   Produktionsanlage   8.000 €

Leasingverbindlichkeiten   4.400 €

Zinsaufwand   9.600 €   an   Bank   14.000 €

<u>Lösung Leasinggeber</u>

Der Leasinggeber behandelt diese Transaktion wie ein Kauf des Leasingobjektes mit anschließendem Finanzierungsleasingverhältnis. Zu Beginn des Leasingvertrages werden daher folgende Buchungen getätigt:

Forderung	an	Bank	120.000 €

Am 31.12.2014 lauten die Buchungssätze:

Bank	an	Forderung	4.400 €
		Zinsertrag	9.600 €

Anhang 4: Zusammenfassung der wesentlichen Ansatz- und Bewertungsregeln des ED/2013/6

Leasingnehmer		Leasinggeber	
Typ A	**Typ B**	**Typ A**	**Typ B**
• Erfassung von Nutzungsrecht und Leasingverbindlichkeit • Tilgung der Leasingverbindlichkeit • lineare Abschreibung des Vermögensgegenstandes • Separater Ausweis von Zinsaufwand und Abschreibung	• Erfassung von Nutzungsrecht und Leasingverbindlichkeit • linearer Leasinggesamtaufwand • Ausweise des Zins- und Abschreibungsaufwands in einer Position	• Ausbuchung des Vermögenswertes • Erfassung einer Forderung und eines Restwertes • Erfassung eines Zinsertrages aus dem Restwert • Erfassung eines Zinsertrages aus der Forderung • Aufzinsung des Restwertes	• Bilanzierung des Vermögensgegenstandes • keine Einbuchung einer Forderung • lineare Abschreibung des Vermögenswertes • Erfassung der Leasingraten als Ertrag

Tabelle 7: Zusammenfassende Darstellung der wesentlichen Ansatz- und Bewertungsregeln des ED/2013/6
Quelle: Eigene Darstellung. Daten aus Pellens, Bernhard; Fülbier, Uwe; Gassen, Joachim; Sellhorn, Thorsten(2014), S. 701.

Anhang 5: Behandlung von Typ A–Verträgen aus Leasingnehmersicht[180]

Ein Leasingnehmer schließt am 01.01.2014 einen Leasingvertrag über eine Maschine mit einer Laufzeit von 3 Jahren ab. Die jährlichen nachschüssigen Leasingzahlungen belaufen sich auf 2.000 €. Die wirtschaftliche Nutzungsdauer der Maschine beträgt 4 Jahre. Der Leasingnehmer hat einen Grenzkapitalzins von 5 % errechnet. Für den Leasingnehmer besteht eine Verlängerungsoption des Leasingvertrages um ein weiteres Jahr zu gleichen Konditionen am Ende der Vertragslaufzeit. Für die Ausübung dieser Option hat der Leasingnehmer einen wesentlichen wirtschaftlichen Anreiz. Eine Restwertgarantie besteht nicht.

Lösung

Die Leasinglaufzeit beträgt vier Jahre, da ein wesentlicher Anreiz zur Ausübung der Verlängerungsoption besteht. Da es sich nicht um eine Immobilie handelt und die Laufzeit der Leasingvereinbarung den überwiegenden Teil der wirtschaftlichen Nutzungsdauer umfasst, ist der Sachverhalt als Typ A-Leasingverhältnis zu klassifizieren.

a)   Erstansatz- und Bewertung

Durch die Diskontierung der Leasingzahlungen mittels des Grenzkapitalzinses des Leasingnehmers wird der Barwert der Leasingzahlungen bestimmt:

$$B = \frac{r}{q^n} \times \frac{q^n - 1}{q - 1} \qquad B = \frac{2\,T€}{1{,}05^4} \times \frac{1{,}05^4 - 1}{1{,}05 - 1} \qquad B = 7092\ €$$

Somit lautet der Buchungssatz am 01.01.2014:

Nutzungsrecht   an   Leasingverbindlichkeit   7092

b)   Folgebewertung

Das Nutzungsrecht wird nun linear über die Laufzeit des Leasingverhältnisses abgeschrieben. Die Leasingverbindlichkeit wird mittels Effektivzinsmethode zu fortgeführten Anschaffungskosten bewertet.

---

[180] Beispiel angelehnt an Pellens, Bernhard; Fülbier, Uwe; Gassen, Joachim; Sellhorn, Thorsten (2014),   S.696.

Jahr	f. Anschaffungskosten	Abschreibung	Zinsaufwand	Gesamtaufwand	Tilgung	Leasingzahlungen
1	7.092 €	1.773 €	355 €	2.128 €	1.645 €	2.000 €
2	5.438 €	1.773 €	272 €	2.045 €	1.728 €	2.000 €
3	3.710 €	1.773 €	186 €	1.959 €	1.814 €	2.000 €
4	1.896 €	1.773 €	95 €	1.868 €	1.905 €	2.000 €
$\sum$		7.092 €	908 €	8.000 €		

Tabelle 8: Entwicklung von Typ A-Leasingverhältnissen aus Leasingnehmersicht
Quelle: Eigene Darstellung. Daten aus Pellens, Bernhard; Fülbier, Uwe; Gassen, Joachim; Sellhorn, Thorsten (2014), S. 696.

$$f.\,Anschaffungskosten\ t_{n+1} = f.\,Anschaffungskosten\ t_n - Tilgung$$

$$Abschreibung = \frac{B}{Laufzeit}$$

$$Zinsaufwand = f.\,Anschaffungskosten \times Grenzkapitalzins$$

$$Gesamtaufwand = Abschreubung + Zinsaufwand$$

$$Tilgung = Leasingzahlung - Zinsaufwand$$

Im Periodenvergleich wird der entstandene "Front-Loading–Effekt" deutlich. Der Gesamtaufwand ist durch den degressiv verlaufenden Zinsaufwand ebenfalls ungleich über die Perioden verteilt und nimmt von Periode zu Periode ab.

Die Buchungen am Bilanzstichtag dem 31.12.2014 lauten wie folgt:

Abschreibung		an	Nutzungsrecht	1.773 €

Leasingverbindlichkeit	1.645 €			
Zinsaufwand	355 €	an	Bank	2.000 €

Anhang 6: Behandlung von Typ B-Verträge aus Leasingnehmersicht[181]

Am 01.01.2014 schließt der Leasingnehmer einen Leasingvertrag über ein Gebäude mit einer Laufzeit von fünf Jahren ab. Die wirtschaftliche Restnutzungsdauer beträgt 40 Jahre, und der Fair Value des Gebäudes beläuft sich auf 420.000 €. Die Leasingraten betragen 20.000 € und werden jeweils zum Jahresende geleistet. Es sind zudem Kosten für die Vertragsverhandlung in Höhe von 5.000 € entstanden. Da der interne Zinssatz des Leasinggebers nicht bekannt ist, verwendet der Leasingnehmer seinen Grenzkapitalzins von 5,5 %.

Lösung

Da es sich bei dem Vermögensgegenstand um eine Immobilie handelt, entspricht das Leasingverhältnis einem Typ B-Vertrag. Da die Laufzeit des Leasingvertrages nur einen unwesentlichen Teil der wirtschaftlichen Restnutzungsdauer des Leasingobjektes umfasst und der Barwert der Leasingzahlungen unwesentlich im Vergleich zum Fair Value des Gebäudes ist, wird die Annahme bestätigt, dass es sich bei dem vorliegenden Sachverhalt um ein Typ B-Vertag handelt.

a)   Erstansatz- und Bewertung

Die Bilanzierung von Leasingverhältnissen auf Leasingnehmerseite erfolgt bei der Erstbewertung unabhängig von der Klassifizierung. Demzufolge hat der Leasingnehmer, wie im vorhergehenden Beispiel bereits beschrieben, zu Laufzeitbeginn ein Nutzungsrecht und eine Verbindlichkeit in Höhe des Barwertes der Leasingzahlungen anzusetzen.

$$B = \frac{r}{q^n} \times \frac{q^n - 1}{q - 1} \qquad B = \frac{20\ T€}{1{,}055^5} \times \frac{1{,}055^5 - 1}{1{,}055 - 1} \qquad B = 85.406\ €$$

Die durch die Vertragsverhandlung entstanden Initialkosten von 5.000 € sind dem Nutzungsrecht hinzuzufügen.

Die Buchung bei Erstbewertung zum 01.01.2014 erfolgt dementsprechend:

Nutzungsrecht	90.406 €	an	Leasingverbindlichkeit	85.406 €
			Bank	5.000 €

---

[181] Beispiel angelehnt an Pellens, Bernhard; Fülbier, Uwe; Gassen, Joachim; Sellhorn, Thorsten (2014),   S. 696.

b)   Folgebewertung

In der Folge erfasst der Leasingnehmer einen konstanten Leasingaufwand. Um diesen zu ermitteln, wird die Summe aus den Leasingzahlungen und den Initialkosten auf die Laufzeit der Leasingvereinbarung verteilt.

$$Leasingaufwand = \frac{100.000\ € + 5.000\ €}{5\ Jahre} = 21.000\ €/Jahr$$

Jahr	Verbind-lichkeiten	Abschreibung auf Nutzungs-recht	Zinsauf-wand	Leasingge-samtaufwand	Tilgung	Leasing-zahlungen
1	85.406 €	16.303 €	4.697 €	21.000 €	15.303 €	20.000 €
2	70.103 €	17.144 €	3.856 €	21.000 €	16.144 €	20.000 €
3	53.959 €	18.032 €	2.968 €	21.000 €	17.032 €	20.000 €
4	36.927 €	18.969 €	2.031 €	21.000 €	17.969 €	20.000 €
5	18.958 €	19.957 €	1.043 €	21.000 €	18.957 €	20.000 €
∑		**90.406 €**	**14.594 €**	**105.000 €**	**85.406 €**	**100.000 €**

Tabelle 9:Entwicklung von Typ B-Leasingverhältnissen aus Leasingnehmersicht
Quelle: Eigene Darstellung. Daten aus Pellens, Bernhard; Fülbier, Uwe; Gassen, Joachim; Sellhorn, Thorsten (2014), S. 697.

Unter Verwendung der Effektivzinsmethode beträgt der Finanzierungsaufwand im ersten Jahr 4.697 €.

Zinsaufwand $= Verbindlichkeit \times Grenzkapitalzins$

Die Verbindlichkeit amortisiert sich durch die Tilgung in Höhe von 15.303 € auf 70.103 €.

Verbindlichkeiten t_{n+1} $= Verbindlichkeiten\ t_n - Tilgung$

Tilgung $= Leasingzahlung - Zinsaufwand$

Im Gegenteil zu den Typ A-Verträgen, verläuft die Abschreibung des Nutzungsrechts bei Typ B-Verträgen nicht linear, sondern progressiv über die Vertragslaufzeit.

Abschreibung $= Leasingaufwand - Zinsaufwand$

Leasingaufwand $= Abschreibung + Zinsaufwand$

Die Buchungen zum Bilanzstichtag am 31.12.2014 gestalten sich wie folgt:

Leasingaufwand	21.000 €		Nutzungsrecht	16.303 €
Leasingverbindlichkeit	15.303 €	an	Bank	20.000 €

Anhang 7: Behandlung von Typ A-Verträgen aus Leasinggebersicht[182]

Ein Leasinggeber verleast am 01.01.2014 eine Maschine für fünf Jahre an den Leasingnehmer. Die wirtschaftliche Nutzungsdauer der Maschine beträgt 6 Jahre, und ihr Buchwert ist mit 25.000 € angesetzt. Der Fair Value beläuft sich zu Beginn des Leasingverhältnisses auf 27.567 €. Die Leasingraten betragen 5.000 €, was einem Barwert von 21.950 € entspricht. Der Leasinggeber schätzt den Restwert der Maschine am Ende der Laufzeit auf 7.000 €.

Lösung

Da es sich bei dem Leasingobjekt nicht um eine Immobilie handelt, ist das Leasingverhältnis als Typ A zu klassifizieren. Der Barwerttest bestätigt diese Vermutung ebenfalls, und die Laufzeit des Leasingverhältnisses umfasst den überwiegenden Teil der wirtschaftlichen Nutzungsdauer der Maschine.

a)   Erstansatz- und Bewertung

Zu Beginn des Leasingverhältnisses bucht der Leasinggeber die Maschine aus und bilanziert eine Forderung auf Erhalt der Leasingzahlungen, die der Höhe des Barwertes der Leasingzahlungen entspricht.

Der durch die Ausbuchungsdifferenz zwischen Fair Value und Buchwert der Maschine entstandene Gewinn wird aufgespalten in einen zu Beginn des Leasingverhältnis zu realisierenden und einen noch nicht realisierten Gewinn. Der bei Erstansatz in der GuV zu erfassende Gewinn ist aus der Differenz zwischen Buchwert und Fair Value des Vermögensgegenstandes, gewichtet mit dem Verhältnis von Barwert der Leasingzahlungen und Fair Value, zu ermitteln und wird als Nettoertragsposten dargestellt.

---

[182] Beispiel angelehnt an Pellens, Bernhard; Fülbier, Uwe; Gassen, Joachim; Sellhorn, Thorsten (2014), S.699 – 700 sowie Müller, Stefan; Lang, Tobias (2013a) S. 328-330.

$$Gewinn_{gesamt} = Fair\ Value - Buchwert$$

$$Gewinn_{gesamt} = 27.567\ € - 25.000\ €$$

$$Gewinn_{gesamt} = \mathbf{2.567\ €}$$

$$Gewinn_{realisiert} = (Fair\ Value - Buchwert) \times \frac{Barwert\ der\ Leasingraten}{Fair\ Value}$$

$$Gewinn_{realisiert} = (27.567\ € - 25.000€) \times \frac{21.950\ €}{27.567\ €}$$

$$Gewinn_{realisiert} = \mathbf{2.044\ €}$$

Zudem setzt der Leasinggeber den verbleibenden Restwert der Maschine an, der sich durch den Barwert des erwarteten Restwertes abzüglich des noch nicht realisierten Gewinnes ergibt und den Nettorestvermögenswert darstellt.

$$K_0\ Restwert = Barwert\ Restvermögenswert = Bruttorestvermögenswert$$

$$K_0\ Restwert = \frac{K}{q^n} \qquad K_0\ Restwert = \frac{7.000}{1,045^5} \qquad K_0\ Restwert = \mathbf{5.617\ €}$$

$$Gewinn_{nicht\ realisiert} = Gewinn_{gesamt} - Gewinn_{realisiert}$$

$$Gewinn_{nicht\ realisiert} = 2.567\ € - 2.044\ €$$

$$Gewinn_{nicht\ realisiert} = \mathbf{523\ €}$$

$$\mathbf{Nettorestvermögenswert = K_0\ Restwert - Gewinn_{nicht\ realisiert}}$$

$$\mathbf{Nettorestvermögenswert = 5.617\ € - 523\ €}$$

$$\mathbf{Nettorestvermögenswert = 5.094\ €}$$

Der Leasinggeber führt am 01.01.2014 somit folgende Buchungen bezüglich des Typ A-Leasingverhältnisses durch:

Forderung	21.650 €		Maschine	25.000 €
Nettorestvermögenswert	5.094 €	an	Ertrag	2.044 €

b)   Folgebilanzierung

Im Zuge der Folgebilanzierung erfasst der Leasinggeber die Leasingzahlungen vom Leasingnehmer, wobei der darin enthaltene Tilgungsanteil die Leasingforderungen bis zum Laufzeitende auf einen Wert von null verringert. Dabei werden die Forderungen sowie der Restvermögenswert zu fortgeführten Anschaffungskosten mittels Effektivzinsmethode bestimmt.

Die durch die Verzinsung des Bruttorestvermögenswertes entstandenen Zinserträge erhöhen diesen und den für Buchungszwecke genutzten Nettorestvermögenswert im Zeitverlauf. Der Zinsertrag aus dem Bruttorestvermögenswert bildet, zusammen mit dem in den Leasingraten enthaltenen Zinsertrag, den Gesamtzinsertrag des Leasingverhältnisses, welcher in der GuV erfasst wird.

Jahr	Forder-ung	Brutto-restver-mögen	Nettorest-vermögen	Zinsertrag aus For-derung	Zinsertrag aus Brutto-restverm.	Tilgung	Leasing-raten
1	21.950 €	5.617 €	5.094 €	988 €	253 €	4.012 €	5.000 €
2	17.938 €	5.870 €	5.347 €	807 €	264 €	4.193 €	5.000 €
3	13.745 €	6.134 €	5.611€	619 €	276 €	4.381 €	5.000 €
4	9.364 €	6.410 €	5.887 €	421 €	289 €	4.579 €	5.000 €
5	4.785 €	6.699 €	6.176 €	215 €	301 €	4.785 €	5.000 €
				3.050 €	1.383 €	€	25.000 €
		7.000 €	6.477 €	4433 €			

Tabelle 10: Entwicklung von Typ A-Leasingverhältnissen aus Leasinggebersicht
Quelle: Eigene Darstellung. Daten aus Pellens, Bernhard; Fülbier, Uwe; Gassen, Joachim; Sellhorn, Thorsten (2014), S.697.

Der Bruttorestvermögenswert sowie der Nettorestvermögenswert zuzüglich des nicht realisierten Gewinnes entsprechen am Ende der Vertragslaufzeit dem erwarteten Restwert des Vermögensgegenstandes.

Die vom Leasinggeber vorgenommenen Buchungen am 31.12.2014 gestalten sich wie folgt:

Bank	an	Forderung	5.000 €
Forderung	an	Zinsertrag	988 €
Nettorestvermögenswert	an	Zinsertrag	253 €

Anhang 8: Behandlung von Typ B-Verträgen aus Leasinggebersicht[183]

Am 01.01.2014 wird ein Leasingvertrag über eine Lagerhalle mit einem Buchwert von 500.000 € und einer Laufzeit von fünf Jahren geschlossen. Die jährlich nachschüssigen Leasingraten betragen 25.000 €. Die wirtschaftliche Restnutzungsdauer beträgt 25 Jahre. Der Leasingvertrag enthält eine Kündigungsoption nach drei Jahren, zu deren Ausübung für den Leasingnehmer jedoch kein wirtschaftlicher Anreiz besteht. Während der Laufzeit der Leasingvereinbarung wird lediglich ein unwesentlicher Teil des Nutzenpotentials des zu Grunde liegenden Vermögensgegenstandes verbraucht.

Lösung

Da kein Anreiz für den Leasingnehmer besteht, die Kündigungsoption auszuüben, bemisst sich die Laufzeit des Leasingverhältnisses nach dem unkündbaren Leasingzeitraum von drei Jahren zuzüglich des Zeitraumes der Nichtausübung der Kündigungsoption von zwei Jahren. Somit beträgt die Leasingdauer die vollen fünf Jahre. Da das Leasingverhältnis als Typ B zu klassifizieren ist, sind zu Laufzeitbeginn keine Buchungen notwendig.

Die Leasingraten von 25.000 € werden am Bilanzstichtag als Ertrag erfasst. Die Lagerhalle wird nicht ausgebucht und daher über ihre wirtschaftliche Nutzungsdauer linear abgeschrieben.

Der Leasingnehmer tätigt zum 31.12.2014 folgende Buchungen:

Bank	an	Leasingertrag	25.000 €
Abschreibung	an	Lagerhalle	20.000 €

---

[183] Beispiel angelehnt an Pellens, Bernhard; Fülbier, Uwe; Gassen, Joachim; Sellhorn, Thorsten(2014), S. 700-701.

Anhang 9: Bilanzielle Behandlung von Sale-and-Leaseback-Transaktionen gemäß ED/2013/6 am Beispiel eines Typ A-Leasingverhältnisses[184]

Ein Unternehmen verkauft zum 01.01.2014 eine Produktionsanlage an einen Leasinggeber für einen Verkaufspreis von 450.000 €, welcher dem Fair Value entspricht. Der Buchwert der Anlage beläuft sich auf 500.000 €. Der Unternehmer least den Vermögensgegenstand anschließend für zwei Jahre zurück, wobei die wirtschaftliche Restnutzungsdauer vier Jahre beträgt. Der Barwert der vereinbarten Leasingraten beträgt 270.000 €. Der Leasingnehmer schätzt den Barwert der marktüblichen Leasingraten auf 300.000 €. Es ist von einem Kontrollwechsel über die Anlage vom Leasingnehmer zum Leasinggeber auszugehen.

Lösung:

Bei dem veräußernden Unternehmen wird der Verkauf der Maschine auf Grund des Kontrollwechsels erfasst. Da das Leasingverhältnis als Typ A zu klassifizieren ist, werden für den zurückgeleasten Vermögenswert ein Nutzenrecht und eine Leasingverbindlichkeit eingebucht. Der Veräußerungsverlust von 50.000 € wird um die im Vergleich mit den marktüblichen Konditionen um 30.000 € günstigeren vereinbarten Leasingzahlungen reduziert.

Das Nutzenrecht wird wiederum beim Erstansatz um 30.000 € höher angesetzt, damit die marktüblichen Leasingraten in der Bewertung des Nutzenrechts darzustellen.

Der Verkauf mit anschließender Leasingvereinbarung wird beim Leasingnehmer zum 01.01.2014 folgendermaßen abgebildet:

Bank	450.000 €	an	Produktionsanlage	500.000 €
sonstiger Aufwand[185]	20.000 €		Leasingverbindlichkeit	270.000 €
Nutzenrecht	300.000 €			

Der Leasinggeber verbucht in seiner Bilanz den Zugang der Produktionsanlage in Höhe von 450.000 €. Anschließend bucht er diese gegen Erfassung einer Forderung und eines Restvermögenswertes wieder aus.

---

[184] Beispiel angelehnt an Pellens, Bernhard; Fülbier, Uwe; Gassen, Joachim; Sellhorn, Thorsten (2014), S. 82-83.
[185] Verlust aus Abgang von Sachanlagen

Literaturverzeichnis

Monographien, Zeitschriften, Sammelwerke, Kommentare

Adolph, Peter; Gabor, Günther; Lange, Markus (2011): Übergreifende Bilanzposten. In: Brönner, Herbert; Bareis, Peter; Hahn, Klaus; Maurer, Thorsten; Schramm, Uwe (Hrsg.): Die Bilanz nach Handels- und Steuerrecht. 10. Auflage, Schäfer- Poeschel: Stuttgart.

Adolph, Peter; Schmidt, Matthias; Schmidt, Peer (2013): ED/2013/6. - Überarbeiteter Entwurf zur künftigen Abbildung von Leasingverhältnissen. Potentielle Auswirkungen auf Kennzahlen der Financial Performance der Leasingnehmer. In: IRZ - Zeitschrift für internationale Rechnungslegung, Ausgabe 12.

Bardens, Andrea; Kroner, Matthias; Meurer, Holger (2013): Neuer Standardentwurf zur Reformierung der Leasingbilanzierung nach IFRS und US-GAAP - eine schöne Bescherung? (Teil 1). In: KoR-Kapitalmarktorientierte Rechnungslegung, Ausgabe 10.

Bardens, Andrea; Kroner, Matthias; Meurer, Holger (2013a): Neuer Standardentwurf zur Reformierung der Leasingbilanzierung nach IFRS und US-GAAP - eine schöne Bescherung? (Teil 2). In: KoR - Kapitalmarktorientierte Rechnungslegung, Ausgabe 11.

Fehr, Jane (2013): Die künftige Leasingbilanzierung nach IFRS. Auswirkungen auf das Entscheidungsverhalten der Akteure. In: Crasselt, Nils; Fülbier, Rolf Uwe; Gassen, Joachim; Pellens, Bernhard; Sellhorn Thorsten (Hrsg.): Betriebswirtschaftliche Forschung im Rechnungswesen. Band 10, 1.Auflage, Peter Lang GmbH - Internationaler Verlag der Wissenschaften: Frankfurt am Main.

Fineisen, Klaus-Dieter; Sabel, Elmar (2009): Diskussionspapier von IASB und FASB zur Reform der Leasingbilanzierung. In: Der Betrieb, Ausgabe 36.

Fischer, Daniel T. (2013): Zweiter Standardentwurf zur Leasingbilanzierung (ED/2013/6). In: PiR - Praxis der internationalen Rechnungslegung, Ausgabe 6.

Gruber, Thomas (2013): Der neue Standardentwurf zur IFRS Leasingbilanzierung – konzeptionell oder pragmatisch?. In: Der Betrieb, Ausgabe 40.

Grundmann, Ralf; Hempel, Kay (2014): Praktische Folgen der geplanten Leasingnehmer-Bilanzierung nach IFRS. In: BBK – Buchführung, Bilanzierung, Kostenrechnung, Ausgabe 1.

Hommel, Michael; Winter, Heike; Zicke, Julia (2013): ED/2013/6 „Leases": Neue Bestimmungen für Miete, Pacht und Leasing. In: BB – Betriebs-Berater, Ausgabe 29.

Kirsch, Hanno (2013): Einführung in die Internationale Rechnungslegung nach IFRS, 9. Auflage, NWB Verlag GmbH & Co. KG: Herne.

Kirsch, Hanno (2013a): Bilanzierung von Leasingverhältnissen nach dem Re-Exposure-Draft "Leases" (ED/2013/6). Eine Fallstudie unter Berücksichtigung abschlusspolitischer Gestaltungsmöglichkeiten. In: KoR - Kapitalmarktorientierte Rechnungslegung, Ausgabe 10.

Küting, Karlheinz; Hell, Christoph; Tesche, Thomas (2013): Paradigmenwechsel in der internationalen Leasingbilanzierung. Auswirkungen auf die Unternehmensbewertung. In: CFB – Corporate Finance Biz, Ausgabe 7.

Küting, Karlheinz; Koch, Christian; Tesche, Thomas (2011): Umbruch der Leasingbilanzierung – Fluch oder Segen?. In: Der Betrieb, Ausgabe 8.

Lüdenbach, Norbert; Freiberg, Jens (2013): §15 Leasing. In: Lüdenbach, Norbert; Hoffmann, Wolf-Dieter (Hrsg.): IFRS-Kommentar, 11. Auflage, Haufe: Freiburg.

Mellwig, Winfried; Sabel, Elmar (2013): IAS 17. Leasingverhältnisse. In: Hennrichs, Joachim; Watrin, Christoph; Kleindiek, Detlef (Hrsg.): Münchener Kommentar zum Bilanzrecht: Band 1 IFRS. 4. Auflage, C.H. Beck: München.

Meyer, Marco (2014): Einschränkung der Off-Balance-Sheet-Bilanzierung von Leasingtransaktionen nach HGB und IFRS. Überblick über den Status quo. In: PiR - Praxis der internationalen Rechnungslegung, Ausgabe 1.

Müller, Stefan; Lang, Tobias (2013): Abbildung von Leasingverhältnissen nach ED/2013/6 im IFRS-Abschluss. Teil 1: Grundlagen und Leasingnehmer-Bilanzierung. In: IRZ – Zeitschrift für internationale Rechnungslegung, Ausgabe 7/8.

Müller, Stefan; Lang, Tobias (2013a): Abbildung von Leasingverhältnissen nach ED/2013/6 im IFRS-Abschluss. Teil 2: Leasinggeberbilanzierung und Spezifika. In: IRZ – Zeitschrift für internationale Rechnungslegung, Ausgabe 9.

Nardmann, Hendrik; Heller, Sylvia (2013): Zehn Feststellungen zu ED/2013/6 "Leases". In: KoR - Kapitalmarktorientierte Rechnungslegung, Ausgabe 9.

Nemet, Marijan (2013): Bilanzierung von Leasingverhältnissen nach IFRS – Der zweite Entwurf. Anforderungen und praktische Herausforderungen. In: PiR – Praxis der internationalen Rechnungslegung, Ausgabe 8.

Oertzen, Cornelia; Esser, Martin (2010): ED/2010/9: Neue Spielregeln für die Leasingbilanzierung. In: IRZ – Zeitschrift für internationale Rechnungslegung, Ausgabe 11.

Pellens, Bernhard; Fülbier, Uwe; Gassen, Joachim; Sellborn, Thorsten (2014): Internationale Rechnungslegung, 9.Auflage, Schäffer-Poeschel Verlag: Stuttgart

Schmidt, Peer; Thiele, Michael (2010): Die internationale Leasingbilanzierung im Umbruch. Eine kritische Würdigung der Vorschläge des Discussion Paper "Leasing" auf der Basis einer Auswertung der eingegangenen Comment Letters. In: KoR - Kapitalmarktorientierte Rechnungslegung, Ausgabe 5.

Schosser, Kerstin; Fink Christian (2014): Die geplante Neuregelung zur Bilanzierung von Leasing-Verträgen. Folgen für Leasingnehmer. In FLF- Zeitschrift für Finanzierung, Leasing, Factoring, Ausgabe 3.

Thil, Tami, Dinh; Fink, Christian und Schultze, Wolfgang (2013): Leasingbilanzierung nach ED/2013/6. Auswirkung auf die Finanzberichterstattung. In: PiR – Praxis der internationalen Rechnungslegung, Ausgabe 12.

Theile, Carsten; Salewski, Nadja (2013): Der neue Entwurf zur Leasing-Bilanzierung nach IFRS. In: BBK – Buchführung, Bilanzierung, Kostenrechnung, Ausgabe 15.

Vater, Hendrik (2002): Bilanzierung von Leasingverhältnissen nach IAS 17. Eldorado bilanzpolitischer Möglichkeiten?. In: DStR – Deutsches Steuerrecht, Ausgabe 48.

Vater, Hendrik (2003): Grundzüge der internationalen Leasingbilanzierung. Abbildung von Leasingverhältnissen nach IAS 17 und SFAS 13. In: BBK – Buchführung, Bilanzierung, Kostenrechnung, Ausgabe 6.

Weiss, Manuela (2006): Praxishandbuch Leasingbilanzierung. Grundlagen und Praxis der Bilanzierung nach HGB und IFRS. 1. Auflage, VDM Verlag Dr. Müller: Saarbrücken.

Internetquellen

BDL (URL): 50 Jahre Leasing in Deutschland. http://bdl.leasingverband.de/fileadmin/internet/pressemitteilungen/pm_2012-04-05_50_jahre_leasing.pdf (09.05.2014).

BDL (URL 1): Marktbedeutung. http://bdl.leasingverband.de/leasing/marktbedeutung (09.05.2014).

BDL (URL 2): Jahres- und Strukturdaten. http://bdl.leasingverband.de/zahlen-fakten/leasing-in-deutschland/jahres-und-strukturdaten?L=xfxxunftjovs (13.05.2014).

BDL (URL 3): Leasing-Vorteile. http://bdl.leasingverband.de/leasing/leasing-vorteile (13.05.2014).

BDL (URL 4): Stellungnahme zum ED/2013/6 Leases. http://bdl.leasingverband.de/fileadmin/internet/downloads/2013-09-11_bdl_cl_deutsch_formatiert.pdf (10.03.2014).

Deloitte (URL): Leasingverhältnisse zur Wiedervorlage. http://www.iasplus.com/de/publications/german-publications/ifrs-fokussiert-newsletter/2013/leasingverhaltnisse-zur-wiedervorlage (10.03.2014).

IFRS Portal (URL): IFRS-Texte Auflage 4.0 (Februar 2014). http://www.ifrs-portal.com/Publikationen/IFRS_Texte_4.0_2014_02.pdf (25.04.2014).

KPMG (URL): Paradigmenwechsel in der Leasingbilanzierung. Die vorgeschlagenen neuen Regelungen zur Leasingbilanzierung. https://www.kpmg.com/DE/de/Documents/accounting-insights-ed-leases-2013-KPMG.pdf (02.03.2014).